高峰禪要 圓珣譯

酒如暗夜日輪紅

譯鮮功德等須彌

一朶白蓮出水中

禪要

高峰原妙 지음/ 圓珦 역해

도서출판 法供養

法語

威音王佛未出世에 天高地厚하여 日紅月白하니 佛祖出世도 無風起浪이로다. 雖然如是나 生界不然하야 凡聖有別하여 革凡成聖이라. 故로 世尊說敎하고 達磨開禪이라. 然이나 去聖時遙하고 世降俗末하니 衆生迷惑하야 棄本取末하고 衲子는 信淺하여 世知爲道하니 奈何奈何오.

此時에 高峰原妙禪師 出於大元國 天目山하니 大旱 七年에 如逢甘雨라. 對機應物이 如斬釘截鐵하여 不容人情하니 天下學道者가 言下知歸로다. 所著禪要一卷이 行于海東이나 識淺智劣하여 難會深旨라. 圓珣上人이 婆心油然하여 飜譯國文하야 使人易知케 하니 可謂禪門指南이라. 發心入道者는 皆應爲龜鑑이로다.

時當末世少正見이어 幾多衲子虛用功이라
高峰禪要圓珣譯하니 猶如暗夜日輪紅이로다.
譯解功德等須彌어니 一朶白蓮出水中이로다
後學當然見此書하라 辨得正邪易入道하리라.

佛紀 2545年 七月 曺溪山 松廣寺 三日庵 梵日菩成

법어

위음왕불(威音王佛)이 세상에 나타나시기 전, 하늘이 높고 땅이 두터워 태양은 빛나고 달이 아름다워, 세간에 부처나 조사가 나오는 것도 바람이 없는데 물결이 이는 격이었다.

비록 이와 같다 하더라도 중생계는 그렇지 않으니, 범부와 성인의 차별이 있어 범부가 바뀌어 성인이 된다. 그러므로 세존께서 가르침을 내리고 달마는 선종을 드러낸다. 그러나 부처님이 안 계신지 오래 되어 세상이 말세가 되었다. 중생들은 미혹하여 근본을 버리고 지말을 취하며, 납자는 믿음이 천박하여 세상의 알음알이를 도로 삼는다.

아! 이를 어찌 하겠느냐, 이를 어찌 하겠느냐.

이런 말세에 고봉원묘(高峰原妙) 선사가 대원국(大元國) 천목산(天目山)에 출현하시니, 이는 큰 가뭄 일곱 해에 단비를 만난 것과 같았다. 중생을 상대하여 제접하는 것이 못을 끊고 쇠를 부러뜨리듯 인정을 용납하지 않으니, 천하의 도 배우는 이들이 언하(言下)에 돌아갈 곳을 안다. 그 분의 저서 『선요』가 해동(海東)에 전해졌으나, 지혜 없는 이들은 깊은 뜻을 알기가 어려웠다.

원순 스님이 이를 안타깝게 여기는 간절한 마음을 가지고 한글로 풀이하여 사람들이 쉽게 알도록 하니 선문(禪門)의 지침이 된다 하겠다. 발심하여 도에 들어갈 자는 모두 이에 응하여 귀감을 삼아야 할 것이다.

때는 말세라 正見이 없어
잘못된 납자가 참으로 많네
고봉의 『선요』를 풀이했으니
깜깜한 밤 태양이 빛을 발하리.

풀이한 공덕이 수미산 같아
한 떨기 백련이 물 위에 피네
후학은 당연히 이 책을 보고
正邪를 가리어 도에 들리라.

불기 2545년 7월
조계산 송광사 삼일암에서 범일보성

차례

일러두기

1. 建文元年(1399) 智異山 德奇寺 판본을 底本으로 한 조계종 교육원 강원 교재를 참고하였다.
2. 다른 판본과의 異字나 현재 잘 안 쓰이는 한자는 요즈음 쓰는 한자로 대체한다. 覷 → 覰, 拚 → 拌, 揔 → 摠.
3. 원문을 따라가며 번역하는 것을 원칙으로 하되, 이해를 돕기 위해 약간의 의역을 하기도 하였다.
4. 각주는 주로 안진호와 이지관의 사기를 참고하되, 현대인의 이해를 돕기 위해서 개인적으로 적절한 내용을 가감하여 필요한 주만을 달려고 노력하였다.
5. 이 번역은 어느 산중 선방 노스님의 지도와 세심한 배려에 의해 행해졌으나, 크게 번역에 오류가 있는 부분은 전적으로 가르침을 이해하지 못한 역자의 책임이다.
6. 단락별 이해를 돕고자 요점을 추려 ♡로 표시한다.
7. 책의 이름은 『 』으로 표시하고, 인용문은 " "로 표시하고, 강조하는 의미는 ' '로 표시한다. 원문 자체에 붙어 있는 주는 ( )로 괄호 처리한다.
8. 글을 읽는 사람들의 편의를 위하여 번역상 기교의 문제로서, 토를 달아 끊어 놓은 문장과 번역의 연결이 일치되지 않는 경우도 있음을 밝혀 둔다.
9. 조계종 교육원의 교재에 실린 미주를 그대로 이 책에서는 참고하였다.

이 마음은 청정하여 티가 없건만
탐심으로 온갖 번뇌 드리워지네
안목이 툭 트여서 실체를 보면
산하대지 이 모두가 허공의 꽃들

고봉[1] 화상[2] 『선요』[3] 앞글 高峰和尙禪要序

禪이 雖以不立文字 不假修證으로 爲宗하더라도 然이나 旣可叅則必有要라.

참선이 비록 '문자를 내세우지 않으며 닦아 증득하는 방편이 필요치 않다'는 것으로써 으뜸을 삼더라도, 이미 참구(參究)할 수 있는 것이라면 반드시 그 공부의 요체(要諦)가 있을 것입니다.

---

1) 姓은 徐氏이고 諱는 原妙이며 號가 高峰이다. 雪巖山 慧朗祖欽의 법을 이으니, 臨濟 17세 嫡孫이 된다. 1238년 南宋 때 蘇州에서 태어나 열다섯 살 때 烏戌 密印寺에서 출가했다. 열일곱 살에 戒를 받고 열여덟 살에 天台敎를 배우다가 스무 살에 禪門에 들어갔다. 1261년 三塔寺에서 깨달은 바가 있어 雪巖의 법을 잇고 1279년에 天目山 西峰의 張公洞에 들어가 死關이라 하고 15년 동안 나오지를 않았다. 이를 찬탄하여 그의 법을 이은 中峰明本은, "天目山의 높이가 높다 하나 高峰의 높이를 넘기 어렵고, 겹겹인 지옥의 관문이 험하다고 하나 死關의 험준함에 비할 수 없네"라고 말하였다. 1295년 다음과 같은 게송을 남겨 놓고 入寂하였다. 來不入死關 去不出死關 鐵蛇鑽入海 撞倒須彌山 / 와도 死關을 들어가지 않았고, 가도 死關을 벗어나지 않으니, 쇠뱀이 바다를 뚫고 들어가 수미산을 거꾸로 넘어뜨린다.
2) 和尙은 가까이 모시고서 공부를 할 만한 훌륭한 法師라는 의미를 갖고 있어 近讀이라 번역하기도 하고, 또는 제자의 道力이 스승으로부터 생기게 된다고 하여 力生이라 번역하기도 한다.
3) 禪은 梵語의 禪那를 줄인 말로서 靜慮라는 의미인데 방편으로 義理禪과 如來禪과 祖師禪으로 나누어서 祖師禪을 최고로 치기도 한다. 물론 이것은 목숨을 걸고 화두를 지향하는 首座의 입장으로서는 당연한 방편인데, 이 입장을 떠나서는 주변의 여건과 법의 인연을 정확히 꿰뚫어 보는 안목도 필요하다. 이 안목이 없이는 탁 트여 자유로운 조사선을 도리어 죽은 선으로 만들기 쉽기 때문이다. 禪要의 要는 선의 요체를 말한다. 그러므로 모든 실상을 禪에서 그대로 보여주고 나타내는 의미로 쓰이는 祖師禪을 禪의 골수라 할 수 있겠다.

要者는 何오 如網之有綱 衣之有領이어 使人一擧而徑得其直遂者 是也니라. 萬目이 非不網也나 遣綱擧目이면 網必不張이며 萬縷가 非不衣也나 捨領擧縷이면 衣必不振이니라. 永嘉 云에 摘葉尋枝는 我不能이라 함은 枝與葉은 非要라 根本이 固要也인데 學者 復昧其根本이라.

그 요체란 그물에는 벼리가[4] 있고 옷에는 옷깃이 있어서, 사람이 그것을 한번에 들어 바로 그물과 옷이 펼쳐지게 하는 것과 같습니다.

많은 그물코가 그물 아닌 것이 없으나 벼리를 놓아두고 그물코만 들면 그물은 반드시 펼쳐지지 않을 것이며, 많은 실오라기가 옷 아닌 것이 없으나 옷깃을 놓고 실오라기만 들면 옷은 반드시 반듯하게 들어올려지지 않을 것입니다.

그러므로 영가[5] 스님께서 "잎을 따거나 가지를 찾는 짓은 나는 할 수 없다"라고 한 것은, 가지와 잎은 요긴한 것이 아니라 근본이 진실로 요긴한 것인데, 배우는 이들이 그 근본을 모르고 있기 때문입니다.

---

4) 벼리란 그물을 잡아당기고 펼칠 수 있게 중심을 잡아주는 밧줄이다. 어떤 지침이 된다는 뜻으로 쓰인다.

5) 六祖 慧能의 제자로서 중국 溫州 사람인데, 證道歌의 저자로서 유명하다. 미주 (1)을 참조 바람.

鵝湖 云에 要는 在當人能擇上이라 함은 擇善而從이 可也어늘 學者 往往에 差決擇於發軔이어 終適越而北轅이라. 乃至從上祖師의 遺編이 山積이어 一話一言이 固無非綱領인데 奈何 世降聖遠에 情僞日滋하여 心意識이 有以蠹蝕之어 則視綱領 爲目縷者 盖摠摠矣이리오. 我師 高峰和尙이 自雙峰으로 而西峰에 二十餘年을 念此之故로 不獲已하여 示人剋的하니 如神藥 刁圭而起死하고 靈符 點畫而驅邪라.

아호(鵝湖)[6] 스님께서 "공부의 요점은 본인이 선택하는 데에 있다"라고 한 것은, 바른 쪽을 선택하여 따라가는 것이 옳거늘 배우는 이들이 자주 처음부터 공부의 방법을 잘못 선택하여, 끝내 남쪽 월(越)나라로 가려 하면서도 북쪽 오랑캐로 수레를 몰고 있기 때문입니다.

조사 스님들의 남기신 많은 말씀 한 마디 한 마디가 진실로 벼리와 옷깃 아닌 것이 없건만, 세상은 말세이고 성인(聖人)의 시절이 멀어짐으로써 거짓된 마음이 날로 불어나 사람을 좀먹어, 벼리와 옷깃을 보고 그물코와 실오라기 삼는 자가 많아지게 된 것을 어찌하겠습니까.

저의 스님 고봉(高峰) 화상께서 쌍봉사(雙峰寺)에서부터 서봉사(西峰寺)에 계실 때까지 스무 해가 넘도록 이것을 염려하셨기에 부득이 사람들에게 지극히 명료한 내용을 보이시게 되니, 마치 신약(神藥)의 적은 양이 죽은 이를 살려내고 영험한 부적의 한 점 한 획이 삿된 귀신을 몰아내는 것과 같습니다.

---

6) 馬祖道一의 제자이다. 미주 (2)를 참조 바람.

故로 有採其奇方秘呪하여 得以爲學徒綱領者이니라. 或曰에 獲禽은 在目이요 不在綱이며 禦寒은 在縷요 不在領이라 八萬四千法門이 門門可入이니 目與縷도 果非要耶오 함에 將應之曰하되 世尊法門이 信廣大無邊하나 顧乃設爲方便狹小一門이어 使諸子로 出火宅而入大乘이니 是는 攝目縷하여 爲綱領耳이니라. 然則綱耶아 目耶아 領耶아 縷耶아 要耶아 非要耶아. 未具頂門正眼이면 未可以易言也이니라.

그러므로 이 신기한 처방과 주문을 모아 배우는 이들의 지침을 삼습니다. 어떤 이가 "새를 잡는 것은 그물코요 벼리가 아니며, 추위를 막는 것은 실오라기요 옷깃이 아니다. 팔만 사천 법문이 법문마다 도(道)에 들어갈 수 있으니, 그물코와 실오라기도 결국 도 닦는 요체가 아니 되겠는가"라고 말한 것에,

이에 답변하기를 "세존의 법문이 진실로 광대무변(廣大無邊)하다. 그러나 그 자리를 돌이키면, 작은 방편 하나를 베풀어 모든 중생이 불타는 고통의 세계에서 감로(甘露)의 대승(大乘)으로 들어가게 한 것이다. 이는 그물코와 실오라기로써 벼리와 옷깃을 삼은 것이다"라고 했습니다.

그렇다면 벼리인지 그물코인지, 옷깃인지 실오라기인지, 요체인지 아닌지는 정문정안(頂門正眼)을[7] 갖추지 않으면 쉽사리 말할 수 없는 것입니다.

---

7) 정수리에 있는 또 한 개의 눈이라는 뜻인데, 깨침을 얻어 사물을 정확히 볼 수 있는 안목을 말한다.

喬祖 預西峰法席以來로 每抄集示徒法語之切於叅決者하여 名之曰 禪要라. 久欲與有志者로 共之러니 一日 擧似姑蘇永中上人하니 欣然 欲募緣鋟梓하고 且俾喬祖로 爲之序라. 喬祖는 旣已承命이나 復告之曰하되 師는 別有一要語인데 在綱領外에 藏之虛空骨中하니 兄欲鋟하고 我欲序하나 皆不能이라 尙俟他日에 更作一番揭露니라.

제가 서봉(西峰)의 법석(法席)에 참여한 이후 스님께서 매번 제자들에게 가르치신 법어 가운데 참구(參究)하고 결택(決擇)하는데 간절한 것들을 모아 『선요(禪要)』라 이름 붙였습니다.

뜻 있는 이와 이 공부를 함께 하고자 오래 마음먹고 있다가, 어느 날 고소산(姑蘇山) 영중사(永中寺) 스님에게[8] 보였더니, 이 일을 아주 기뻐하며 시주인연을 모아 책을 펴내시려 하였고, 또한 저로 하여금 『선요』의 앞글을 쓰게 하였습니다.

저는 그 부탁을 받아들였으나 다시 그 분에게 "노사(老師)에게는 따로 한 마디 요긴한 법어가 있는데, 강령(綱領) 밖 허공의 뼈[9] 속에 숨겨져 있기에, 형이 책을 만들고 제가 앞글을 쓰고자 하나 모두 보일 수 없는 일입니다. 바라건대 뒷날 다시 한번 그 내용을 올바로 드러낼 것을 기약하여 봅시다"라고 말씀드렸습니다.

---

8) 고봉의 제자인 智現 스님을 말한다.
9) 허공의 뼈를 찾으면 고봉 스님의 요긴한 법어를 알 수 있다고 하나 허공의 뼈가 어디에 있겠는가. 참된 도리는 본래 말과 글의 소식을 벗어나 있기에, 여기에 관한 글이나 앞글을 써서는 도를 드러낼 수 없다는 뜻이다. 그러므로 뒷날 도를 깨쳐 진짜 글과 머릿글 쓸 것을 기약하는 것이다.

至元 甲午 重九日 天目 叅學 直翁 洪喬祖 謹書.

지원(至元) 갑오(甲午 1294) 9월 9일
천목산에서 공부한 직옹(直翁) 홍교조[10] 삼가 앞글을 씁니다.

참선이 불립문자와 교외별전을 주장하더라도 남의 가르침을 받아야 하는 것이라면, 반드시 공부의 핵심을 찌르는 요점이 있다. 그 요점을 알아야 공부 길을 돌아가지 않고 바로 공부에 들어갈 수 있다. 그물의 벼리나 옷의 깃처럼 참선의 요체는 무엇일까. 직옹 거사는 고봉 스님의 법어야말로 참선의 요체를 드러낸 것이라고 한다. 그러나 진실은 허공의 뼈 속에 숨겨져 있는 것이 아닌가.

---

10) 고봉 스님의 재가제자로서 이름은 新恩이고 법명은 喬祖이며 호는 直翁이다.

고봉 화상 『선요』 뒷글[11] 禪要 跋

古靈은 以閱經으로 爲鑽古紙하고 輪扁은 以讀書로 爲味糟粕이라 하니 良以 道는 不可以言語文字로 求也니라. 然이나 道無方 體無形이어 似非言語文字이면 何從而明之리오.

복주(福州) 고령사(古靈寺) 신찬(神贊) 스님은 "경(經)을 읽는다고 하여 묵은 종이만을 뚫어지게 본다"라고[12] 하였고, 윤편(輪扁)은[13] "책을 읽는다고 해도 술찌끼 같은 내용을 맛볼 뿐이다"라고 하였으니, 진실로 도는 말과 글자로써 구할 것이 아니기 때문입니다. 그러나 도의 실체(實體)는 방소(方所)와 모양이 없으니, 말과 글자가 아니라면 무엇으로 그 내용을 밝힐 수 있겠습니까.

---

11) 뒷글은 일반적으로 책 뒤에 오나, 여기에서 앞머리에 둔 것은 이 글에서 말하고자 하는 요지를 드러내어 배우는 이들의 이해를 돕기 위한 배려이다.

12) 복주 고령사 신찬 스님이 百丈 선사를 참배하고 開悟하여 돌아와서는 그의 은사 戒賢을 깨우쳐 주기 위하여 지은 게송에서 나온 말이다. 空門不肯出 投窓也大癡 百年鑽古紙 何日出頭期 / 빈 문으로 나가려 하지를 않고 창문에 몸을 던져 어리석은 듯, 묵은 종이 백년을 바라다본들 어느 날에 깨우침이 다가올소냐.

13) 『莊子』의 「外篇 天道」에 나오는 내용으로서 윤편은 수레바퀴를 깎는 목수의 이름이다.

是以로 吾佛世尊이 雖隨機化誘 曲成密庸이라도 而不能不談十二部法이고 達磨西來하여 雖不立文字라도 而授受之際에 口傳面命하니 亦不能以忘言이라.

이 때문에 우리 부처님 세존께서, 비록 중생의 근기(根機)에 따라 교화하는 법을 자상히 했더라도 십이부법(十二部法)을[14] 말씀하지 않을 수 없었고, 달마 스님이[15] 서역에서 오시어 불립문자(不立文字)를 주장했더라도 법을 전할 때에 얼굴을 맞대고 입으로 전했으니, 이 또한 말을 잊을 수 없기 때문입니다.

---

14) 十二部法의 내용은 十二分敎 또는 十二部經이라고도 하여 부처님의 一代敎說을 그 經文의 내용과 형식에 의하여 열두 부분으로 구분하는 것이다. 1 修多羅는 산문체의 경전을 말하며 契經이나 法本이라 번역한다. 2 祇夜는 본문의 내용을 게송으로 다시 되풀이하는 것으로서 重頌 또는 應頌이라고 한다. 3 授記는 부처님께서 미래의 성불을 알려주는 내용을 말한다. 4 伽陀는 게송만으로 가르침을 주는 것으로서 孤起頌이라고 한다. 5 優陀那는 다른 사람의 질문 없이 부처님이 스스로 法門하는 것으로서 無問自說이라고 한다. 6 尼陀那는 가르침이 연기 또는 인연의 형식을 빌린 내용을 말한다. 7 阿婆陀那는 비유를 말한다. 8 伊帝曰多伽는 부처님과 제자들의 과거 인연을 말한 경전으로서 本事라고 한다. 9 尼陀伽는 부처님 과거의 보살행을 말한 경전으로서 本生이라 한다. 10 毗佛略은 바르고 반듯한 광대한 진리를 설한 경전으로서 方廣 또는 方等이라고 한다. 11 阿浮陀達磨는 부처님의 부사의한 신통력을 나타낸 경전으로서 未曾有法 또는 稀有法이라고 번역한다. 12 優婆提舍는 敎法을 논의하는 내용으로서 論議라고 한다. 修多羅와 祇夜와 伽陀는 經文의 體制를 말하고, 나머지는 경문에 실린 내용을 구분하여 이름 붙인 것이다.

15) 달마 스님은 인도에서 출발한 지 3년 만에 중국 廣州에 도착하였는데, 그 때가 梁武帝 大通元年(527) 9월 21일이었다고 한다. 二祖 慧可에게 법을 전할 때 "外息諸緣 內心無喘 心如墻壁 可以入道"라는 말을 전하였다.

蓋道는 雖不在於言語文字라도 實不離於言語文字라. 特精微之旨는 具於辭說之表로서 未易窺覩인데도 世之學者는 往往 沈着於語下이어 不能體會其精微하여 徒觀標月之指하고 不覩當天之月하니 遂以言語文字로爲礙하여 致俾古靈輪扁이 激而爲故紙糟粕之譏로다. 然이나 言語文字正所以發明心華로 模寫道妙이니 初何嘗碍道哉리오. 高峰和尙의 說法이 如雲如雨이어 直翁洪君이 撮其奇秘하여 名曰 禪要니라.

대개 도는 말과 글자에 있지 않더라도, 실로 말과 글자를 여의지도 않습니다. 특히 가장 정미로운 뜻은 말 밖에 갖추어져 있어 쉽게 엿볼 수 있는 것이 아닌데도, 세상의 공부하는 이들이 자주 말 떨어지는 곳을 집착하여 그 정미로운 뜻을 알지 못합니다.

부질없이 달을 가리키는 손가락만 쳐다보고 하늘에 떠 있는 달을 보지 못하니, 마침내 말과 글자를 방해물로 여겨서 고령사(古靈寺) 신찬(神贊) 스님이나 윤편(輪扁)이 격렬하게 '묵은 종이와 술찌끼'라고 비방하는 결과를 만들어 버린 것입니다.

그러나 말과 글자야말로 바로 마음의 빛을 드러내어 오묘한 도를 그려내는 것이니, 이것이 어찌 처음부터 도를 장애하는 것이 될 수 있겠습니까.

고봉 화상의 많은 설법 가운데서 도 닦는 비법을 추려 직옹(直翁) 홍군(洪君)이 『선요(禪要)』라 이름하였습니다.

永中上人이 從而鋟梓하여 以廣其傳하니 擧網而得綱이며 挈裘而振領이라. 將俾學者 因法語之要로 以會道體之全하니 其開牖後學之心이 可謂篤矣로다. 學者 於此에 果能優遊而求之하고 厭飫而趨之하면 渙然氷釋이어 怡然理順이라 則工夫次第와 進趣操略을 老師 已和盤托出하고 盡在此書矣이나 特患 學者 未能猛烈承當耳이니라. 吁. 扁鵲方中에 具有靈藥이어 或名神丹하고 或名無憂散하니 回生起死 功在刹那니라.

영중사(永中寺) 스님이 이 인연으로 책을 만들어서 널리 전하니, 이는 그물을 들어 벼리를 잡고 옷을 들어 옷의 깃을 들추는 것입니다. 장차 후학들은 이 법어의 요체로 온전한 도의 실체를 알게 되겠기에, 그 후학들을 깨우쳐 주는 마음이 도탑다 할 만합니다.

또 배우는 이들이 이 『선요』에서 진실로 넉넉한 배움을 구하고 열심히 공부하다 보면, 얼음이 확 녹듯 의심이 녹아 기쁜 마음으로 이치에 따라갈 것입니다. 공부의 순서와 정진하며 마음 쓰는 법을 노사(老師)께서 이미 이 책에 남김없이 모두 내놓았건만, 아직 배우는 이들이 치열하게 그 뜻을 받아들이지 못할까 더욱 걱정만 될 따름입니다.

아! 편작(扁鵲)의[16] 처방 가운데 영약(靈藥)이 있어 혹 신단(神丹)이라 하고 혹은 무우산(無憂散)이라고 하니, 죽은 이를 살려내는 공능(功能)이 찰나에 있습니다.

---

16) 春秋時代의 명의였던 扁鵲을 말한다. 이 사람의 姓은 秦이고 이름은 越인데, 神農時代의 扁鵲과 모습이 비슷하였기 때문에 扁鵲이라 불렀다고 한다. 또한 盧國에 거주하였기에 盧醫라고 하기도 한다.

具眼目 着精神 盡心力하여 汲汲而求之하면 未有不得者라. 老師之言이 豈欺汝也리오. 學者가 愼無錯認古靈輪扁之言하고 而忘老師諄諄之誨하면 庶幾 直翁永中의 功不虛施이며 亦使觀語錄而得發明者 不專美於前矣리라. 至元 甲午 十月 哉生魄 叅學 淸苕淨明 朱潁遠 謹跋.

안목을 갖추어서 정신을 차려 애써 꾸준히 도를 구해 나간다면 도를 깨닫지 못할 자 없는 것입니다. 노사의 말씀이 어찌 그대를 속였겠습니까. 배우는 이들이 삼가 행여 고령사(古靈寺) 신찬(神贊) 스님이나 윤편(輪扁)에 관한 이야기의 속뜻을 제대로 이해하고 노사의 간절한 타이름을 잊지 않는다면, 직옹(直翁)과 영중사(永中寺) 스님께서 하신 일들이 조금도 헛되지 않을 것이며, 또한 이 어록(語錄)을 보고 깨달음을 얻는 자들이 이 시대에도 많아지게 될 것입니다.

지원(至元) 갑오(甲午) 10월 16일

참학(參學) 청초(青苕) 정명(淨明) 주영원(朱潁遠)[17] 삼가 뒷글을 씁니다.

---

17) 跋文을 쓴 주영원은 고봉 스님의 재가제자로서 호가 淨明이다. 靑苕는 地名을 말한다.

불립문자(不立文字) 교외별전(敎外別傳)이라고 하지만, 말과 글자야말로 바로 마음의 빛을 드러내어 오묘한 도를 그려낸다. 이것이 어찌 처음부터 도를 장애하는 것이 될 수 있겠는가. 『선요』라는 책도 말과 글자로 이루어져 있으니, 이 책 속에 공부의 순서와 정진하며 마음 쓰는 법을 고봉 스님은 고스란히 남겨 놓고 있다. 도 닦는 이들에게 이 글의 효능이 좋아 신단(神丹)이나 무우산(無憂散)이라 불리기도 한다. 신찬(神贊)이나 윤편(輪扁)의 겉 이야기에 속지 말고 그 참뜻을 알아야 할 것이다.

1. 중생을 위하여 처음 설하신 법어[18] 開堂普說

僧 問에 十方同聚會하여 箇箇學無爲하니 此是選佛場이라 心空及第歸라 하신 龐居士의 恁麽道도 還有爲人處也 無오. 師云하되 有니라. 進云하되 畢竟에 在那一句오. 師云하되 從頭問將來하라. 進云하되 如何是十方同聚會오.

僧問 : "시방세계(十方世界) 대중들이 한 자리에 모여서 한 사람 한 사람이 모두 무위법(無爲法)을 배우니 여기는 부처를 뽑는 도량이라, 마음이 비어서 급제하여 돌아간다"라고 한 방 거사의[19] 이런 말도 사람들을 위한 배려가 있습니까, 아니면 없습니까.

師云 : 있느니라.

僧問 : 그 내용이 어느 구절에 있습니까.

師云 : 처음 구절부터 물어라.

僧問 : 어떤 것이 시방세계 대중들이 한 자리에 모인 것입니까.

---

18) 원문의 開堂普說을 이렇게 번역하였다. 깨달음을 얻어 중생을 위하여 처음 법을 설하게 되는 것이 開堂이고, 모든 중생을 위하여 널리 법을 설하는 것이 普說이다. 1287년 설암 스님이 입적하고 설암의 후계자로서 祖室이 되었음을 천하에 처음 알리는 설법이다.

19) 마조의 제자로서 성은 龐氏이고 이름은 蘊이며 字는 道玄으로서 중국 襄陽 사람이다. 石頭 선사를 친견하고 나서 馬祖를 찾아가 확철대오하였다. 중국의 방 거사는 인도의 유마 거사 및 한국의 부설 거사와 더불어 사람들의 입에 자주 오르내리는 분이다. 이 단락은 미주 (4)를 참조 바람.

師云하되 龍蛇가 混雜하고 凡聖이 交叅하니라. 進云하되 如何是 箇箇學無爲오. 師云하되 口呑佛祖하고 眼掛乾坤하니라. 進云하되 如何是選佛場이오. 師云하되 東西가 十萬이고 南北이 八千이니라. 進云하되 如何是心空及第歸오.

師云 : 용과 뱀이 뒤섞이고 범부와 성인이 함께했느니라.[20]

僧問 : 어떤 것이 한 사람 한 사람 모두 무위법(無爲法)을 배우는 것입니까.

師云 : 입으로는 부처와 조사를 집어삼키고 눈으로는 하늘과 땅을 덮느니라.[21]

僧問 : 어떤 곳이 부처를 뽑는 도량(道場)입니까.

師云 : 동서가 십만리(十萬里)이고 남북이 팔천리(八千里)니라.[22]

僧問 : 어떤 것이 마음이 비어서 급제하여 돌아가는 것입니까.

---

20) 용과 뱀, 범부와 성인의 차별을 드러내고 있는 것이 아니라, 있는 그대로의 일체 모습을 드러낸다.
21) 일체 차별이 끊어진 자리, 부처와 조사조차 인정하지 않는 자리에서 無爲法이 완성된다.
22) 어디에 있든 중생이 한 생각 돌이키는 곳이 成佛의 자리이기에, 깨달음은 時空의 구애를 받지 않는다.

師云하되 動容이 揚古路하니 不墮悄然機니라. 進云하되 恁麽則言言見諦이며 句句朝宗이니라. 師云하되 你甚處見得이오. 僧 喝에 師云하되 也是掉棒打月이로다. 進云하되 此事는 且止하고 只如西峰에서 今日 十方聚會하여 選佛場開이면 畢竟에 有何祥瑞리오.

師云 : 움직임 하나하나 옛길의 근본에서 당당하니 낮은 근기에 떨어지지 않느니라.[23]

僧答 : 그렇다면 말씀마다 분명한 진리이며, 구절마다 으뜸가는 도리가 되겠습니다.

師問 : 이 도리를 그대는 어디에서 보았는가.

僧云 : (소리 높여) 할!

師云 : 막대기를 휘둘러 달을 치려 하는구나.[24]

僧問 : 이 일은 그만 두시고, 서봉사(西峰寺)에서 오늘 시방세계 대중들이 모여 부처를 뽑는 도량이 한 자리에서 열렸으니, 마침내 어떤 상서로운 일이 있겠습니까.

---

23) 靑原 문하의 第四世 潙山靈祐의 제자인 香嚴智閑 선사의 悟道頌에서 이 구절이 나온다. 一擊忘所知 更不假修治 動容揚古路 不墮悄然機 處處無蹤跡 聲色外威儀 諸方達道者 咸言上上機.

24) 막대기를 휘둘러 달을 치려 하니 어리석은 짓이다.

師云하되 山河大地 萬像森羅 情與無情이 悉皆成佛이니라. 進云하되 旣皆成佛인데 因甚으로 學人은 不成佛이오. 師云하되 你若成佛이면 爭敎大地成佛이리오. 進云하되 畢竟에 學人은 過在甚麽處오. 師云하되 湘之南潭之北이니라. 進云하되 還許學人의 懺悔也 無이오.

師云 : 산하대지(山河大地), 삼라만상(森羅萬象), 유정(有情)과 무정(無情)이 모두 다 성불하였느니라.

僧問 : 이미 다 성불했는데, 무엇 때문에 저는 성불하지 못했습니까.

師云 : 그대가 성불하여 있다면 어찌 땅으로 하여금 성불하게 하겠는가.[25]

僧問 : 저의 허물이 어디에 있는 것입니까.

師云 : 상주(湘州)는 남쪽에 있고, 담주(潭州)는 북쪽에 있느니라.[26]

僧問 : 저의 참회를 받아 주시겠습니까.

---

25) 배우는 이가 成佛하여 있다면 主客이 사라져서, 成佛을 논할 일이 없다는 의미이다.
26) 미주 (5)를 참조 바람.

師云하되 禮拜着하라. (僧이 纔拜하자) 師云하되 獅子는 咬人하고 韓盧는 逐塊니라. (師乃竪拂하고 召大衆云하되) 此是選佛場이며 心空及第歸라. 伶俐漢이 若向者裏하여 見得하면 便見龐居士의 安身立命處라. 旣見龐居士의 安身立命處이면 便見從上佛祖의 安身立命處이며 旣見佛祖의 安身立命處이면 便見自己의 安身立命處라.

師云 : 절을 해라.

(그 스님이 절을 하자마자, 선사께서 말씀하셨다)

師云 : 사자는 사람을 물고, 개는 흙덩이를 쫓느니라.[27]

(그리고는 노사께서 불자를 세우시고, 대중을 불러 말씀하셨다)

이것이 바로 부처를 뽑는 도량이며 마음이 비어 급제하여 돌아가는 곳이다. 영리한 사람이 이 자리에서 알면 곧 방(龐) 거사의 안신입명처(安身立命處)를[28] 본다.

이미 방 거사의 안신입명처를 보면 곧 역대 불조(佛祖)의 안신입명처를 보며, 불조의 안신입명처를 보면 곧 자신의 안신입명처도 본다.

---

27) 참된 공부인은 근본을 안다는 의미이다. 미주 (6)을 참조 바람.
28) 安心立命處라고도 하는데, 여기서는 깨달음의 세계를 의미한다. 宿命도 아니요 運命도 아닌 立命이다.

既見自己의 安身立命處이면 不妨向者裏 拗折拄杖 高掛鉢囊하여 三條椽下 七尺單前에서 咬無米飯하고 飮不濕羹하며 伸脚打眠하여 逍遙度日이라. 若是奴郎不辨 菽麥不分이면 抑不得已하여 按下雲頭하고 向虛空裏 書一本上大人하여 敎諸人으로 依樣畵猫兒去也리라. 山僧이 昔年 在雙徑에 歸堂하여 未及一月에 忽於睡中에서 疑着 萬法歸一 一歸何處니라.

이미 자신의 안신입명처를 보면, 이 자리에서 그대로 눌러 앉아 주장자와 바랑을 치우고, 세 개의 서까래 밑 일곱 자 방석 위에 앉아, 쌀알 없는 밥을 먹고 국물 없는 국을 마시며,[29] 다리를 쭉 펴고 잠을 자더라도 보내는 세월이 행복하기만 하다.

그러나 종과 상전 또 콩과 보리도 분간하지 못한다면, 부득이 흩어질 구름을 가져다 하나의 본(本)이 되는 화두(話頭)를[30] 허공 속에 그려서, 모든 사람들로 하여금 그 본을 의지하여 고양이를 그리게 하리라.

산승(山僧)이 옛날 쌍경사(雙徑寺)에 있을 적에 선당(禪堂)에 돌아와 한 달이 채 못되어, 돌연 잠결에서 "만법이 하나로 돌아가니, 그 하나는 어디로 돌아가는고"라는[31] 화두가 의심이 났다.

---

29) 일반인의 상식으로는 헤아리기 어려운 경계를 비유하는 말들이다.
30) 구름은 識心을 비유하고, 허공은 識心이 없는 無色無相의 근본자리를 비유한다. 上大人은 공자를 가리키는데, 중국에서 어린 아이들한테 上大人을 본받아 뒷날 훌륭한 사람이 되라고 가르친다. 그러므로 하나의 本이 되는 화두라는 표현은 看話禪에서 화두를 의지하여 깨달음을 얻기 때문이다.
31) 『碧巖錄』 第45則에 "僧問趙州에 萬法歸一인데 一歸何處오 하니, 州云하되 我在靑州하여 作一領布衫하니 重이 七斤이더라"고 하였다. 여기에서 靑州布衫이라는 화두가 나왔다. 미주 (9)도 참조 바람.

自此로 疑情이 頓發이어 廢寢忘餐하고 東西不辨하며 晝夜不分이라. 開單展鉢 屙屎放尿 至於一動一靜 一語一默이 總只是箇一歸何處오 更無絲毫異念이며 亦要起絲毫異念해도 了不可得이니 正如釘釘膠粘이듯 撼搖不動이니라. 雖在稠人廣座中이나 如無一人相似라. 從朝至暮 從暮至朝에 澄澄湛湛 卓卓巍巍 純淸絶點하여 一念萬年이니 境寂人忘에 如痴如兀이라.

이로부터 문득 의심덩어리가 생겨 잠자거나 먹는 것도 잊고 동서도 가리지 못하며 밤낮도 구별하지 못하였다. 자리를 깔고 발우를 펴거나 똥오줌을 보는 등의 어(語)·묵(默)·동(動)·정(靜) 하나하나에 이르기까지 모두 단지 "그 하나는 어디로 돌아가는고" 였을 뿐, 여기에 다시 털끝만큼도 다른 생각이 없었다.

또한 조금이라도 다른 생각을 내려 해도 낼 수 없었으니, 바로 못으로 박고 아교로 붙인 것처럼 흔들어도 흔들리지를 않았다.

비록 많은 사람이 모인 가운데 앉아 있었지만 한 사람도 없는 것만 같았다. 아침부터 저녁까지 저녁에서 아침까지, 맑고 고요하며 우뚝하고 드높아서 티 한 점 없이 맑아 한 생각이 만년(萬年)이니, 경계도 고요하고 나도 잊었음에 마치 바보와 같아 나무덩어리 같았다.

不覺 至第六日이라가 隨衆하여 在三塔에서 諷經次에 擡頭라. 忽覩五祖演和尙眞하고 驀然觸發 日前 仰山老和尙의 問 拖死屍句子니라. 直得虛空이 粉碎하고 大地가 平沈하여 物我俱忘이 如鏡照鏡이라.

이러한 상태로 자기도 모르게 엿새째 되던 날, 대중을 따라 삼탑사(三塔寺)에서[32] 경을 읽던 차에 머리를 들게 되었다.

그러다 문득 오조법연(五祖法演)[33] 화상(和尙)의 진영(眞影)에 써 있는 글을[34] 보고는, 갑자기 이전에 앙산(仰山)[35] 노화상께서 물으셨던 "송장 끌고 다니는 놈이 무엇인고"라는 화두를 깨치게 되었다. 바로 허공이 무너지고 땅이 가라앉아 나와 함께 모든 사물이 사라지는 것이 마치 거울이 거울을 비추는 듯하였다.

---

32) 志公과 達磨와 五祖의 탑이 있으므로 三塔寺라고 부른 것이다.

33) 臨濟 밑의 第九世이고 白雲守端의 제자이며 大慧宗杲의 노스님이다. 성은 鄧氏이고 諱는 法演이며 號는 五祖이다. 35세에 출가하여 唯識과 『白法論』 등을 배우고, 그 후 圓照宗本 선사를 訪問하고 얻은 바가 있으며, 白雲守端을 參訪하여 南泉摩尼珠話에서 깨달음을 얻어 다음과 같은 게송을 지었다. 山田一片閒田地 叉手叮嚀問祖翁 幾度賣來還自買 爲憐松竹引淸風. 五祖山에서 그의 이름이 세상에 알려져서 학인이 운집하였고, 四照用·四料揀·五家評商 등이 세상에 드러나게 되었다. 그리고 그의 문하에 圓悟克勤, 그 밑에 大慧宗杲 虎丘紹隆 등 많은 법제자가 배출되었다. 宋나라 徽宗 崇寧 3년(1004) 6월 25일 世壽 80세로 入寂하였다.

34) 1261년 3월 22일 24세 때 法演和尙의 眞影贊에 있던 구절인 百年三萬六千朝 返覆元來是這漢을 보고 見性하였다고 한다.

35) 唐 시대의 仰山慧寂이 아니고 高峰和尙의 法師인 仰山祖欽禪師를 말한다.

百丈野狐 狗子佛性 淸州布衫 女子出定話를 從頭密擧驗之해도 無不了了이니 般若妙用이 信不誣矣이니라. 前所看無字 將及三載에 除二時粥飯하고 不曾上蒲團하며 困時에도 亦不倚靠하며 雖則晝夜東行西行이더라도 常與昏散二魔로 輥作一團이니 做盡伎倆해도 打屛不去니라.

백장야호(百丈野狐)[36], 구자불성(狗子佛性)[37], 청주포삼(靑州布衫)[38], 여자출정(女子出定)[39] 등의 화두를 처음부터 샅샅이 들어 낱낱이 검사해도 뚜렷하지 않은 것이 없었으니, 반야(般若)의 묘용(妙用)이 진실로 거짓이 아니었다.

앞서 들었던 '무(無)'자 화두를 공부할 때는 거의 세 해가 되도록 두 끼니의 죽과 밥을 먹는 시간을 빼고는 자리에 앉지를 않았다.

피곤할 때도 다른 곳에 기대지 않고 밤낮으로 이쪽저쪽 걸어다녔는데도, 늘 혼침과 산란의 두 마구니와 한 덩어리가 되니 갖은 노력을 다하여도 이를 물리치지 못하였다.

---

36) 不落不昧話 또는 百丈墮野狐身話라고도 한다. 미주 (7)을 참조 바람.
37) 趙州無字라고도 한다. 미주 (8)을 참조 바람.
38) 미주 (9)를 참조 바람.
39) 離意라는 여인이 삼매에 들어갔는데 문수 보살이 그 定을 깨려 하였으나 깨지를 못하였다고 한다. 어떻게 깰 것인가. 미주 (10)을 참조 바람.

於者無字上에 竟不曾有一餉間 省力成片인데 自決之後에 鞠其病源하니 別無他故라 只爲不在疑情上에 做工夫니라. 一味 只是擧하되 擧時에 則有하고 不擧에 便無라. 設要起疑라도 亦無下手處며 設使下得手 疑得去라도 只頃刻間이라 又 未免被昏散의 打作兩橛이니라. 於是에 空費許多光陰하여 空喫許多生受하되 略無些子進趣니라.

이 '무(無)'자 화두에서 끝내는 잠시라도 화두와 하나가 되는 힘을 얻지 못했는데, 공부를 스스로 해결한 이후 그 병의 근원을 살펴보았더니 별다른 이유가 없었다.

다만 의심 위에서 공부를 하지 않았을 뿐이었다. 의심 없이 한결같이 그저 화두를 들되, 들 때에는 있다가 들지 않으면 화두가 없어졌던 것이었다.

설사 의심을 일으키려 해도 손 쓸 곳이 없었으며, 설령 손을 써 의심하더라도 잠깐일 뿐 또 혼침과 산란의 두 가닥 거침새를 벗어나지 못하였다.

이에 쓸데없이 많은 세월을 헛 쓰면서 숱하게 고생했으나 공부의 진전은 조금도 없었던 것이었다.

一歸何處는 却與無字와 不同이어 且是疑情이 易發이라. 一擧에 便有하고 不待返覆思惟計較作意라도 纔有疑情이면 稍稍成片하여 便無能爲之心이라. 旣無能爲之心이어 所思卽忘하여 致使萬緣으로 不息而自息하며 六窓으로 不靜而自靜하여 不犯纖塵이어 頓入無心三昧니라. 忽遇喫粥喫飯處에 管取向鉢盂邊 摸着匙筯에도 不怕甕中走却鼈이니라.

'일귀하처(一歸何處)'는 '무자(無字)' 화두와 달라서 우선 의정(疑情)이 쉽게 생겼다.

한번 듦에 곧 화두가 있어 되풀이 생각하여 뜻을 짓지 않더라도, 의정이 있게 되니 조금씩 한 생각을 이루어 화두를 들려는 마음조차 없었다.

이미 화두를 들려는 마음이 없으니 생각할 것이 사라져, 온갖 반연을 쉬지 않아도 쉬어지게 하며, 온갖 마음을 다잡지 않아도 고요하게 하니, 조그마한 번뇌도 침범하지 않아 몰록 무심삼매(無心三昧)에 들어갔다.

죽 먹고 밥 먹는 자리에서 발우를 향해 수저를 놀릴 때에도 결정코 화두가 독 안의 자라와 같아서 놓칠까 두려워하지를 않았다.

此是已驗之方이라 決不相賺이니 如有一句라도 誑惑諸人이면 自招永墮拔舌犁耕하리라. 現前學般若菩薩이 必要明此一段大事하여 不憚山高水濶하고 得得來見西峰이라. 況兼各各 燃指燃香 立戒立願하니 礪齒磨牙辨鐵石志라. 旣有如是操略 如是知見이면 切須莫負自己初心하며 莫負父母捨汝出家心하며 莫負新建僧堂檀信心하며 莫負國王大臣外護心하며 直下具大信去하며 直下無變異去하며 直下壁立萬仞去하며 直下依樣畵猫兒去이니라.

이는 이미 증험(證驗)한 방법으로서 결코 속이는 것이 아니다. 만약 한 마디라도 사람들을 속이는 것이 있다면, 스스로 혀를 뽑아 영원히 밭을 가는 지옥에 들어갈 것이다.

요즈음 반야를 배우는 보살들이 이 일대사를 반드시 밝히고자 하여 산 높고 물 깊은 것도 꺼리지 아니하고 일부러 찾아와서 서봉(西峰)을 본다. 더욱이 저마다 부처님 전에 향(香)을 올리고 계(戒)를 지키며 원(願)을 세우니, 이를 악물고 철석같은 마음가짐을 챙기는 모습이다.

이미 이와 같은 지조(志操)와 지견(知見)이 있다면, 간절히 자기의 초심(初心)을 저버리지 말 것이며, 부모님이 그대의 출가를 허락해 준 마음도 저버리지 말 것이며, 절을 새로 지어준 신도들의 신심도 저버리지 말 것이며, 임금과 대신들의 외호(外護)하는 마음도 저버리지 말 것이며, 큰 신심을 갖추어서 곧바로 공부할 것이며, 변치 않는 마음으로 바로 공부할 것이며, 만 길 절벽에 선 듯 절박하게 당장 공부할 것이며, 본(本)을 의지하여 곧바로 고양이를 그려가야 할 것이다.

畫來畫去에 畫到結角羅紋處 心識路絶處 人法俱忘處이면 筆端下에 驀然 突出箇活猫兒來하리니 㘞元來盡大地 是箇選佛場이며 盡大地 是箇自己니라. 到者裏하여 說甚龐居士리요. 直饒三乘十地라도 膽喪魂驚하며 碧眼黃頭라도 容身無地하리라. 然雖如是라도 若要開鑿人天眼目하여 發揚佛祖宗猷라면 更須將自己與選佛場 鎔作一團하여 颺在百千萬億世界之外니라.

끊임없이 그려가다 마무리되는 시점·심식(心識)의 길이 끊어진 자리·나와 경계가 함께 사라진 곳에 도달하게 되면, 붓끝에서 갑자기 산 고양이가 튀어나오리니, 와! 본디 땅 전체가 부처를 뽑는 도량이며, 온 땅이 곧 자기니라.

이 자리에서 무슨 방 거사를 거론하겠는가. 설사 삼승(三乘)과[40] 십지(十地)의[41] 성현이라도 간담이 서늘하며, 달마와 석가라도 그들의 몸을 용납하는 곳이 없을 것이다.

이와 같다 하더라도 인천(人天)의 안목을 열어 부처님과 조사스님들의 큰 가르침을 드높이려면, 모름지기 다시 자기와 함께 부처 만드는 도량을 녹여 그 덩어리를 백천만억(百千萬億) 세계 저 바깥으로 날려 버려야 한다.

---

40) 聲聞·緣覺·菩薩을 말한다.
41) 十地菩薩을 말한다. 歡喜地·離垢地·發光地·焰慧地·難勝地·現前地·遠行地·不動地·善慧地·法雲地.

轉身移步하여 向威音那邊 更那邊에 打一遭라도 却來에 喫西峰痛棒하리니 大衆이여 旣是和自己颺了인데 又將甚麽로 喫棒인고. 忽有箇不顧性命底漢者 聞恁麽擧하고 出來하여 掀倒禪床하고 喝散大衆이더라도 是則固是나 要且西峰獅子巖은 未肯點頭在이니라.

그러나 몸을 돌려 위음왕불(威音王佛)[42] 저쪽의 다시 저쪽을 한 바퀴 돌아오더라도, 여기 와서는 서봉(西峰)의 모진 방망이를 맞으리니, 대중들이여! 이미 자기조차 날려 버렸는데 여기에 또 무슨 몸뚱이가 있어 방망이를 맞겠는가.

돌연 생명을 돌보지 않는 이가 이런 말을 듣고 뛰쳐나와 선상(禪床)을 뒤엎고 큰소리로 꾸짖으며 대중을 흩어지게 한다 하더라도, 이것이 옳기는 참으로 옳으나 서봉(西峰)의 사자암(獅子巖)은 아직 그를 인정치 않을 것이니라.

서 있는 자리가 바로 부처를 뽑는 도량이며 마음을 비우는 곳이다. 이것을 모르기에 화두를 참구한다. 화두 참구에는 의심이 필요하다. 처음부터 고봉 스님이 애써 공부하시면서도 금방 깨닫지 못했던 것은, 공부에 의심이 없었기 때문이다. 참된 의심은 혼침과 산란을 제거하여 온갖 반연을 쉬게 한다. 공부에 도움을 주는 고마운 인연을 잊지 못한다면, 참된 의심 속에서 화두를 챙겨야 할 것이다.

---

42) 『祖庭事苑』에 威音 이전은 實際理地를 밝힌 자리이고 이후는 佛事門中이라고 하였다. 威는 色으로 보고 音은 聲으로 보니, 威音은 보통 태초의 색과 소리가 처음 생기는 자리를 말하니, 이는 본체와 현상의 경계이다. 이 경계가 사라지는 곳에 威音王佛이 있으니, 위음왕불을 만난다는 것은 그 경계에 다다랐다는 것이다. 그러나 여기서는 이 경계에 가더라도 집착하지 말고 한 단계 더 나아가야 한다는 의미이다.

2. 일대사인연을 위하여 화두를 챙겨 示衆[43)]

三世諸佛 歷代祖師의 留下인 一言半句라도 惟務衆生이 超越三界하여 斷生死流라. 故로 云하되 爲一大事因緣하여 出現於世니라. 若論此一大事면 如馬前相撲이나 又 如電光影裡에 穿針相似하듯 無你思量解會處이며 無你計較分別處라. 所以로 道하되 此法은 非思量分別之所能解라.

삼세제불(三世諸佛)과 역대조사(歷代祖師)께서[44)] 남겨 놓으신 단 한 마디의 글이라도, 나는 중생들이 삼계(三界)를 초월하여 생사윤회를 끊도록 애쓰신 것이라고 생각한다.

그러므로 부처님께서는 "일대사인연(一大事因緣)을[45)] 위하여 이 세상에 왔다"라고 말씀하시는 것이다.

만약 이 일대사(一大事)로 논하자면 마치 달리는 말 앞에서 씨름하듯 또는 번개 불빛 속에서 바늘귀를 꿰는 것과 같아서, 그대들 생각이나 계교(計較)로써 분별하여 알 수 있는 곳은 아니다. 그러기에 "이 법은 사량(思量) 분별로써 알 수 있는 곳이 아니다"라고 한다.

---

43) 示衆은 대중에게 법을 열어 보인다는 의미로서 가르침을 내린다는 垂示와 같은 내용이다. 『六祖壇經』의 「定慧品」에서 示衆이란 용어가 비롯되었다고 한다.

44) 三世諸佛은 과거 현재 미래의 모든 부처님을 말하고, 歷代祖師는 특히 禪門에서 깨달음을 얻은 큰스님을 지칭한다.

45) 一大事因緣은 부처님이 세상에 나타난 가장 큰 인연을 말한다. 그 인연이란 깨달음을 얻어 모든 중생을 제도하는 인연인데, 『禪要』에서 말하고 있는 一大事도 깨달음을 얻어야 모든 중생을 제도할 수 있다는 의미로 쓰이고 있다. 미주 (11)을 참조 바람.

是故로 世尊이 於靈山會上 臨末梢頭에 將三百六十骨節 八萬四千毛竅 盡底掀飜을 雖有百萬衆이 圍繞라도 承當者는 惟迦葉一人而已이니 信知此事는 決非草草로다. 若要的實明證이면 須開特達懷하여 發丈夫志니라. 將從前惡知惡解 奇言妙句 禪道佛法 盡平生眼裡所見底 耳裡所聞底에서 莫顧危亡得失 人我是非 到與不到 徹與不徹이라.

이 때문에 세존이 영산회상(靈山會上)의[46] 마지막 법회에서 삼백육십 뼈마디와 팔만 사천 털구멍을 가져다 남김없이 모든 법문을 드러내는 것을 백만 대중이 둘러싸 보고 있었더라도, 이 뜻을 아는 이는 오직 가섭[47] 한 사람뿐이었으니, 분명히 이 일은 결코 쉽거나 사소한 일이 아닌 줄은 알겠다.

만약 이 일을 확실하게 증명하려면 모름지기 특별한 포부로서 대장부의 뜻을 지녀야 한다.

종전의 잘못된 알음알이와 기묘한 언사들, 선도(禪道)와 불법(佛法), 평생 눈으로 보고 귀로 듣던 것들에서 위태로움의 득실(得失)이나 시비(是非) 및 깨침의 여부를 돌아보지 말아야 한다.

---

46) 靈山會上은 『법화경』을 설한 장소와 가섭에게 以心傳心으로 법을 전한 곳의 의미로서 많이 쓰인다.

47) 염화미소로써 부처님에게서 참뜻의 법을 이어받은 첫 제자인데 인도 마갈타국 사람이다. 그는 阿難에게 다음과 같은 傳法偈를 전하였다. 法法本來法 無法無非法 何於一法中 有法有不法 / 법은 법으로서 본래 법인데 법이라고 할 것도 없고 법 아니라고 할 것도 없다. 어찌 한 법 가운데서 법이 있기도 하고 법 아니기도 할 것인가.

發大忿怒 奮金剛利刀하여 如斬一握絲에 一斬一切斷이어 一斷之後 更不相續이듯 直得胸次中 空勞勞地 虛豁豁地 蕩蕩然이어 無絲毫許滯碍하여 更無一法可當情이니 與初生과 無異니라. 喫茶不知茶하고 喫飯不知飯하며 行不知行하고 坐不知坐하여 情識이 頓淨이어 計較都忘에 恰如箇有氣底死人相似하며 又 如泥塑木雕底相似리라.

크게 분한 마음을 내어 금강의 지혜로운 칼을 휘둘러, 마치 한 뭉치 실을 한번에 베니 모든 실이 끊어져 다시 이어지지 않는 것과 같이, 바로 가슴속이 텅 비어 호호탕탕(浩浩蕩蕩)해서 조금도 막힘이 없어[48] 다시 한 법도 정식(情識)에 떨어질 수 없으니, 그 모습이 갓난아이와 다를 게 없다.

차 마셔도 차 마신 줄 알지 못하고 밥 먹어도 밥 먹은 줄 알지 못하며, 다녀도 다니는 줄 알지 못하고 앉아도 앉은 줄을 알지 못하여, 정식(情識)이 단숨에 깨끗하여 계교(計較)를 모두 잊음에 흡사 숨만 남은 송장과도 같으며, 또 진흙으로 만든 인형이나 나무로 깎아 만든 조각과도 같다.

48) 이 단락은 直得胸次中 空勞勞地 虛豁豁地 蕩蕩然 無絲毫許滯碍를 번역한 곳인데, 空勞勞地와 虛豁豁地를 보는 입장이 둘로 나누어진다. 여기처럼 空勞勞地를 모든 것이 空이어서 깨달음의 세계가 드러난 자리로 보고, 이어 虛豁豁地를 모든 망상이 텅 비어 막힘 없는 활달한 자리로 보아 그대로 蕩蕩然까지 이어서 보는 관점이다. 또 하나는 空勞勞地와 虛豁豁地를 혼침과 산란으로 해석하여 이것이 말끔하게 없어진 자리를 蕩蕩然으로 이해하는 것이다. 그리 해석하면 "가슴속이 멍하고 허하여 침침하고 산란했던 마음이 말끔하게 없어져 조금도 막힘이 없이"로 해석할 수 있겠다. 둘 다 입장이 蕩蕩然에 떨어지기 때문에 양쪽의 뜻이 근본에 있어서는 다름이 없다고 보여진다.

到者裏하여 驀然 脚蹉手跌 心華頓發하여 洞照十方하니 如杲日이 麗天하리라. 又 如明鏡이 當臺하듯 不越一念하고 頓成正覺이라. 非惟明此一大事라 從上若佛若祖의 一切差別因緣을 悉皆透頂透底하며 佛法世法을 打成一片하여 騰騰任運 任運騰騰하며 灑灑落落 乾乾淨淨하여 做一箇無事出格眞道人也라. 恁麼出世一番해야 方曰하되 不負平生叅學之志願耳니라.

갑자기 이 자리에 도달하여 아차![49] 하는 순간, 마음의 빛이 몰록 드러나서 시방세계를 환히 비추니, 마치 밝은 해가 아름다운 하늘에 떠 있듯이 또는 경대 위에 맑은 거울이 놓인 것과 같아서, 한 생각을 넘기지 않고[50] 단숨에 정각(正覺)을 이루는 것이다.

오직 이 일대사인연(一大事因緣)을 밝힐 뿐만 아니라 위로는 부처님과 조사들의 모든 차별인연(差別因緣)을 꿰뚫어 볼 것이며, 부처님의 법과 세상의 법을 한 덩어리로 만들어서 자유롭게 생기가 넘치는 삶을 인연에 맡기거나 인연 속의 생동하는 삶을 살기도 하며, 무더운 날 물 뿌리듯 마음이 상쾌하고 씻어 말린 듯 정갈하여 집착의 틀을 깨 버린 할 일 없는 참 도인이 될 것이다.

이렇게 세상을 한번 뛰어 넘고 나서야 비로소 "평생 동안 참선하려는 뜻과 원력을 저버리지 않았다"라고 말하는 것이다.

---

49) 원문에 있는 驀然 脚蹉手跌은 몸의 균형을 잃고 자기도 모르게 문득 발이 미끄러지고 손이 미끄러지는 것이니, 아차! 하는 순간을 말한다. 轉身移步懸崖撒手.

50) 漢人이 나타나면 漢人을 비추고 胡人이 나타나면 胡人을 비춘다.

若是此念이 輕微하고 志不猛利하여 毸毸𣯫𣯫 魍魍魎魎으로 今日也 恁麽하며 明日也 恁麽하면 設使三十年二十年 用工이라도 一如水浸石頭相似니라. 看看逗到臘月三十日에 十箇有五雙이 懡㦬而去에 致令晚學初機 不生敬慕하리라. 似者般底漢이 到高峰門下이면 打殺萬萬千千인들 有甚麽罪過리오. 今日 我之一衆은 莫不皆是俊鷹快鷂이니 如龍若虎라. 擧一明三이고 目機銖兩이니 豈肯作者般體態하여 兀兀度時리요.

만일 이 생각이 가볍고 뜻이 열렬하지 못하여 산란과 혼침으로 오늘도 이럭저럭 내일도 그럭저럭 공부하면, 설사 스무 해 서른 해를 공부하더라도 한결같이 물이 돌의 겉면만 적시는 것과 같다.

어느덧 죽을 때가 되어 열이면 열이 모두 두려움에 떨면서 죽어가게 되니,[51] 이 때문에 처음이나 늦게 배우는 사람들이 모두 존경하는 마음을 내지 못하는 것이다.

이와 같은 놈이 나의 문하에 온다면 천이면 천, 만이면 만 모두 때려죽인들 무슨 죄가 될 허물이 있겠느냐.

오늘 우리 대중은 모두 늠름하고 빠른 송골매의 모습이니, 하늘의 용이나 산중의 호랑이와 같다. 하나를 알리면 셋을 알고 척 보면 근본을 아니, 어찌 잘못된 처신으로 그럭저럭 세월을 보내겠느냐.

---

51) 懡㦬는 범어 mara의 음역이니 慚愧 또는 耻辱이라고 번역한다.

然雖如是라도 正恁麽時에 畢竟 喚甚麽하여 作一大事오. 若也道得이라도 與汝三十拄杖이요 若道不得이라도 亦與三十拄杖하리니 何故오. (卓拄杖하여 一下하며 云하되) 高峰의 門下에는 賞罰이 分明하니라. 予假此來 二十四年을 常在病中이라 求醫服藥에 歷盡萬般艱苦니라. 爭知病在膏肓에 無藥可療리요.

그러나 이와 같다 하더라도 바로 이런 때, 마침내 무엇을 일러 일대사(一大事)라 하겠는가.

말하더라도 서른 방의 주장자를 때릴 것이요, 말하지 않더라도 또한 서른 방의 주장자를 때릴 것이니, 무엇 때문인가.

(주장자를 세워 한 번 내려치며 말씀하시기를)

고봉의 문하에는 상벌이 분명하니라.[52]

내가 이 몸을 가진 이래 스물네 해를 항상 병들어 있었다. 의사를 찾아 약을 구하는 데 온갖 고생을 다 하였다. 그런데 병이 고황(膏肓)에[53] 들어 치료할 약이 없었던 것을 어찌 알았겠느냐.

---

52) "고봉의 문하에 상벌이 분명하다"는 것은 근본 자리에서 나오는 말로, 알고 모른다는 一切知見을 인정치 않겠다는 소리이다.

53) 膏肓에 병이 들었다는 의미는 병이나 못된 버릇이 고칠 수 없도록 심하여 회복할 가망이 없다는 뜻으로서 쓰인다. 가벼운 것이 아닌 근본적인 병으로서 의사나 약으로도 고칠 수 없는 병이다.

後至雙徑하여 夢中에 服斷橋和尚所授之丹하고 至第六日에 不期 觸發仰山老和尚의 所中之毒하며 直得魂飛魄散하여 絶後에 再蘇하니 當時便覺四大輕安이 如放下百二十斤一條擔子相似라. 今將此丹을 布施大衆하니 汝等服之이면 先將六情六識 四大五蘊 山河大地 萬象森羅를 摠鎔作一箇疑團하여 頓在目前이라 不假一鎗一旗라도 靜悄悄地 便似箇淸平世界하리라.

뒷날 쌍경(雙徑)에 이르러 꿈속에서 단교(斷橋)[54] 화상이 주신 단약(丹藥)을 먹었다. 그리고 엿새째 되던 날 생각지도 않게 앙산(仰山) 노화상께 맞았던 독을[55] 터뜨리니, 바로 혼비백산(魂飛魄散)하여 죽었다 다시 살아났다. 그 당시 사대(四大)가 상쾌하고 편안했던 것이 마치 백스무 근 한 뭉치 짐을 벗어 버린 것과 같았다.

지금 이 단약(丹藥)을 대중에게 보시(布施)하노니, 그대들이 먹으려면 먼저 육정육식(六情六識)[56] · 사대오온(四大五蘊)[57] · 산하대지(山河大地) · 삼라만상(森羅萬象)을 한꺼번에 녹여서 만든 하나의 의심덩어리가 바로 눈앞에 있어야 한다. 창이나 깃발 하나의 힘도 빌리지 않고 고요하고 고요한 것이 맑고 푸른 평등세계와 같아야 한다.

---

54) 無準師範의 제자로서 號는 斷橋 諱는 妙倫이니, 법으로는 고봉 스님과 형제간이다.

55) "이 송장을 끌고 다니는 놈은 누구인가"라는 화두를 가리킨다. 마지막 28번째 법문인 "고봉 스님의 공부 과정"을 참조할 것.

56) 六情은 六根의 다른 이름이다. 六根六識이란 우리의 몸으로써 사물을 보고 알아 판단하는 모든 작용을 말한다.

57) 四大는 地水火風을 말하고 五蘊은 色受想行識을 말한다. 四大는 몸을 구성하는 물질인데 五蘊에서 色에 해당한다. 색을 제외한 나머지 네 가지는 정신작용을 의미한다.

如是하여 行也에 只是箇疑團이며 坐也에 只是箇疑團이며 着衣喫飯也에 只是箇疑團이며 屙屎放尿也에 只是箇疑團이며 以至見聞覺知에도 摠只是箇疑團이라. 疑來疑去에 疑至省力處이면 便是得力處라. 不疑自發하며 不擧自擧하여 從朝至暮 粘頭綴尾 打成一片이니 無絲毫縫罅니라. 撼亦不動하고 趂亦不去하며 昭昭靈靈하여 常現在前하되 如順水流舟하여 全不犯手하니 只此便是得力底時節也이니라.

이와 같이 하여 걷거나 앉을 적에도 의심뿐이고, 옷 입고 밥 먹을 때에도 의심뿐이며, 똥오줌 눌 때에도 의심뿐이니, 나아가 견문각지(見聞覺知)가 온통 하나의 의심일 따름이다.

의심하고 의심함에 그 의심이 힘들지 않은 곳에 도달하면 그곳이 바로 득력처(得力處)이다.

의심하지 않아도 저절로 의심이 되고 화두를 들지 않아도 저절로 들어져, 아침부터 저녁까지 의심이 이어져 한 덩어리가 되니 털끝만치도 그 틈이 없게 되는 것이다. 흔들어도 흔들리지 아니하고 쫓아내도 쫓겨나지 아니하며 한없이 밝고 신령하여 늘 앞에 있되, 마치 물을 따라 흘러가는 배와 같아 전혀 손 쓸 데가 없는 바로 이 때가 힘을 얻는 시절이다.

更須憨其正念하여 愼無二心이어 展轉磨光 展轉淘汰하여 窮玄盡奧 至極至微하라. 向一毫頭上安身하여 孤孤迥迥 卓卓巍巍로서 不動不搖하고 無來無去하며 一念不生이어 前後際斷하면 從玆로 塵勞頓息하고 昏散이 勦除라. 行亦不知行하고 坐亦不知坐하며 寒亦不知寒하고 熱亦不知熱하며 喫茶不知茶하고 喫飯不知飯하여 終日 獃惷惷地 恰似箇泥塑木雕底하니 故로 謂 墻壁無殊라 하니라.

모름지기 다시 정념(正念)을 가다듬어 삼가 다른 마음이 없이 점차 지혜의 빛을 갈고 닦아 번뇌를 없애면서, 심오한 이치를 환히 통하여 지극히 미묘한 경계에 이르러야 한다.

한 털끝 위에서 늠름하고 우뚝한 자세로 동요하지 않고 오고감이 없으며 한 생각도 일으키지 않아 앞뒤의 모든 시제(時際)가 끊어지면, 이것으로 번뇌가 몰록 쉬어지고 혼침과 산란이 없어진다.

다녀도 다니는 줄 알지 못하고 앉아도 앉은 줄 알지 못하며, 추워도 추운 줄 알지 못하고 더워도 더운 줄 알지 못하며, 차 마셔도 차 마신 줄 알지 못하고 밥 먹어도 밥 먹는 줄을 알지 못하여 온종일 어리숙한 것이, 마치 진흙으로 만든 인형이나 나무로 깎아 만든 조각 같으니, 그러므로 “장벽과 다름이 없다”라고 한 것이다.

纔有者境界現前하면 則是到家之消息也라 決定去地不遠也니 把得搆也 撮得着也하며 只待時刻而已니라. 又却不得見恁麼說하고 起一念精進心求之하며 又却不得將心待之하며 又却不得要一念縱之하며 又却不得要一念棄之하며 直須堅凝正念하여 以悟爲則이어다. 當此之際이면 有八萬四千魔軍이 在汝六根門頭에서 伺候하여 所有一切奇異殊勝善惡應驗之事를 隨汝心設하며 隨汝心生하며 隨汝心求하며 隨汝心現하니 凡有所欲 無不遂之니라.

이러한 경계가 앞에 나타나면 바로 집에 다다른 소식이어서 결코 갈 길이 멀지 않았으니, 이것을 꽉 움켜쥐고서 단지 깨달을 시각만 기다릴 뿐이다.

또 이런 말을 듣고서 한 생각이라도 정진할 마음을 내어 구하지 말 것이며, 또 어떤 경계를 가지려는 마음으로 기다리지 말 것이며, 또 한 생각도 놓치지 말 것이며, 또 한 생각이라도 버리려 하지 말아야 할 것이다. 모름지기 바로 정념(正念)을 굳게 지켜서 깨달음으로 원칙을 삼아야 한다.

이 때가 되면 팔만 사천 마구니들이 너희들 육근(六根) 문턱에서 헛된 틈을 노려, 온갖 기이하고 수승하며 좋고 나쁜 신통한 일들이 너희들 마음 따라 베풀어지며, 너희들 마음 따라 생겨나며, 너희들 마음 따라 구해지며, 너희들 마음 따라 나타나니, 무릇 하려는 일이 이루어지지 않을 게 없는 것이다.

汝若暫起毫釐差別心하거나 擬生纖塵妄想念하면 則便墮他圈樻하며 則便被他作主하며 則便聽他指揮하여 便乃口說魔話하며 心行魔行이어 反誹他非하며 自譽眞道하리라. 般若正因이 從玆로 永泯하며 菩提種子가 不復生芽이어 劫劫生生에 常爲伴侶니라. 當知이니 此諸魔境이 皆從自心所起이며 自心所生이라. 心若不起이면 爭如之何이리요.

여기에서 너희들이 별안간 조그마한 차별심(差別心)을 일으키거나 아주 작은 망상심(妄想心)이라도 내게 되면, 곧 마구니의 함정에 떨어져 그들이 주인이 되며, 그들의 지휘를 받아서 입으로 마구니의 이야기를 하며, 마음으로 마구니의 행을 하여 도리어 옳게 사는 이를 그르다 헐뜯고 스스로를 참된 도라 내세우게 된다.

반야지혜(般若智慧)의 바른 씨앗이 이 때문에 영원히 사라지는 것이며, 그 씨앗이 다시 싹트지를 않아 세세생생에 항상 마구니의 벗이 되는 것이다.

마땅히 이 모든 마구니의 경계가 모두 자기 마음에서 일어나며 생겨난다는 사실을 알아야 한다. 너희들 마음이 이 경계를 일으키지 않는다면 마구니가 너희들을 어찌할 수 있겠느냐.

天台 云에 汝之伎倆은 有盡이나 我之不采는 無窮이라 하니 誠哉라 是言也여. 但只要一切處에 放教冷氷氷地去하며 平妥妥地去하며 純淸絶點去하며 一念萬年去하되 如箇守屍鬼子이듯 守來守去하면 疑團子가 欻然爆地一聲하여 管取驚天動地하리니 勉之勉之어다.

천태(天台)[58] 스님은 "그대의 재주에는 한계가 있으나, 경계를 취하지 않는 나의 마음은 다함이 없다"라고[59] 하셨으니, 참으로 옳은 말씀이시다.

단지 모든 곳에서 얼음처럼 냉정하고 편안한 마음으로 공부하며, 티 한 점 없이 맑고 순수하게 영원히 한 생각 변함 없이 공부를 지어가되, 마치 한 순간도 떨어지지 않고 송장을 지키는 귀신같이 이 공부를 지켜가다 보면, 의심덩어리가 갑자기 탁! 하고 터져 반드시 하늘이 놀라고 땅이 흔들리니, 공부에 힘쓰고 힘쓸지어다.

모든 부처님과 조사들의 뜻은 중생들이 생사의 윤회를 벗어나게 하는데 있으니, 이를 일대사인연(一大事因緣)이라 한다. 생사를 해탈하는 일이 쉬운 일이 아니니, 그러므로 장부의 뜻을 세워 열심히 화두를 챙겨야 한다. 대신심(大信心), 대분심(大憤心), 대의심(大疑心)을 내어 화두를 챙기다 보면 수승한 마구니의 경계가 나타나기도 한다. 이 때에도 이 경계에 끌리지 말고, 한마음 한뜻으로 오로지 화두만을 챙겨가야 한다.

---

58) 南岳慧思의 제자로서 성은 陳氏, 諱는 智顗, 字는 德安, 號는 天台라고 하였다. 慧文과 慧思의 뒤를 이어 天台宗의 三祖가 된다. 저서로는 『法華玄義』·『法華文句』·『摩訶止觀』 등이 있어 그 분량이 30여부나 된다.

59) 천태 스님이 선정에 들어간 동굴 밑에서, 마구니의 장난으로 온갖 좋은 소리가 들리면서 아홉 해 동안 끊어지지를 않았다. 스님이 이 소리를 취하지 않자 10년 되는 해에 저절로 이 소리가 끊어졌는데, 그 때 스님께서 하신 말씀이다.

3. 반야의 씨앗보다 화두야말로 示直翁居士 洪新恩

終日共談不二하되 未嘗擧着一字라 하니 復問에 此意는 如何오 하면 不免遞相鈍置리라. 父母非我親이니 誰是最親者오. 盲龜跛鼈이니라. 靈利漢이 向者裡薦得하면 便見無邊刹境에 自他不隔於毫端하며 十世의 古今始終도 不離於當念이라.

"종일토록 함께 불이(不二)의 도리를 이야기하되, 아직 한 글자도 들어서 말한 적이 없다"라고 하니, '이 뜻이 어떠한고'라고 묻는다면 서로의 아둔함을 면치 못한다. 부모는 내가 친할 것이 아니니, 무엇을 가장 친할 것인가.[60] 눈먼 거북, 절름발이 자라니라.[61]

지혜 있는 이가 여기서 알아차린다면 끝없는 국토의 공간에서 나와 남의 경계가 털끝만치도 틈이 없으며, 한없는 세월의 흐름도 한 생각을 벗어나지 않는 것을 본다.

---

60) 禪門의 서역 第九祖인 伏馱密多는 태어나서 50년 동안 말도 하지 않고 돌아다니지도 않으면서 오직 똥오줌 누는 것만 일삼다가 하루는 第八祖인 佛陀難提를 만나 게송으로 도를 묻게 되었다. 그 게송 가운데서 나오는 구절이다. 父母非我親 誰是最親者 諸佛非我道 誰爲最道者 / 부모는 친할 것이 아니니 무엇을 가장 친할 것이며, 모든 부처님이라도 나의 도가 아니니 누구의 도를 가장 수승한 도로 삼아야 합니까. 미주 (12)를 참조 바람.

61) 이리저리 헤아릴 것이 아니라 화두만 챙겨야 할 일이다.

其或未然이면 不妨撇轉機輪하여 便就盲龜跛鼈上에 着些精彩하여 起箇疑情이라. 疑來疑去에 直敎內外로 打成一片하여 終日無絲毫滲漏이어 鯁鯁于懷이면 如中毒藥相似리라. 又 若金剛圈 栗棘蓬을 決定要呑 決定要透하여 但盡平生伎倆做將去하면 自然有箇悟處리라. 假使今生에 呑透不下하고 眼光落地之時에 縱在諸惡趣中이라도 不驚不怖이어 無拘無絆이라.

혹 아직 그러하지 못했다면 깨달음에 얽매이지 말고 곧 눈먼 거북이와 절름발이 자라 위에 바짝 정신을 차려 하나의 의정(疑情)을 일으켜야 할 것이다.

의심하고 의심하여 안팎으로 한 덩어리의 의심을 만들어 종일토록 조그마한 빈틈도 없이 가슴에 담아 두면, 마치 독약에 중독된 듯 할 것이다.

또 결정코 금강권(金剛圈)을[62] 뚫고 율극봉(栗棘蓬)을[63] 삼키고자 온갖 기량을 다하여 다만 화두를 챙기다 보면, 자연 깨칠 곳이 있는 것이다.

설사 금생에 뚫고 삼키지를 못하고 죽게 되어 모든 악도 가운데 놓일지라도, 놀라거나 두려워하지 않으니 거기에 얽매일 것이 없다.

---

62) 金剛圈은 금강으로 만들어진 울타리로서 결코 뚫을 수 없는 것이라는 의미를 갖고 있다.

63) 栗棘蓬은 밤의 둘레에 붙어 있는 가시 같은 것이 더부룩하게 뭉친 것으로서 결코 삼킬 수 없는 것이라는 의미를 갖고 있다.

設遇閻家老子 諸大鬼王이라도 亦皆拱手하리니 何故오. 蓋爲有此般若不思議之威力也이니라. 然則有諸現業이라도 畢竟에 般若力勝이 如箇金剛幢子하여 鑽之不入하며 撼之不動이라. 世人이 出於豪勢門墻도 亦復如是하여 一切官屬吏卒이 無不畏之하며 又若擲物墮地에 重處先着이라.

설령 염라대왕이나 모든 귀신들의 왕을 만나더라도 또한 그들 모두 손을 모아 공경하리니, 무엇 때문인가. 대개 반야(般若)의 부사의(不思議)한 위신력이 있기 때문이다.

그렇다면 현재의 모든 업(業)이 있더라도 마침내 반야의 힘이 더 수승한 것이, 마치 금강의 돌기둥과 같아 뚫어도 뚫리지 않고 흔들어도 흔들리지 않는 것이다.

세상 사람들이 권세 있는 훌륭한 가문에서 태어나기만 하여도 또한 이와 같아서 모든 벼슬아치들이 두려워하는 것이다. 또 물건을 던져 땅에 떨어질 때 무거운 쪽이 먼저 땅에 닿는 이치와도 같다.

目卽雖有成住壞空之相이더라도 如龍脫殼 如客旅居이듯 其實本主는 無生無滅이고 無去無來이며 無增無減이고 無老無少니라. 自無始劫來로 至於今生에 頭出頭沒하는 千變萬化에도 未嘗移易絲毫許이니라. 堪嗟라 一等學人이 往往 多認者箇識神하고 不求正悟이어 不脫生死이니 置之莫論이어다. 今生에 旣下此般若種子이면 纔出頭來에 管取福慧兩全이어 超今越古하리라.

눈앞에서 비록 성(成)·주(住)·괴(壞)·공(空)의 모습이 있더라도, 이는 용(龍)이 허물을 벗거나 객(客)이 머물다 떠나는 것과 같아, 실제의 본래 주인은 생멸(生滅)이 없고 거래(去來)가 없으며, 증감(增減)이 없고 노소(老少)가 없다.

헤아릴 수 없는 전생(前生)부터 금생(今生)에 이르기까지 생사윤회 속에 일어난 엄청난 변화에도, 아직 본래 있던 자리에서 조금도 옮겼던 적이 없는 것이다.

아! 슬프다. 잘난 체하는 학인(學人)들이 흔히 이 식신(識神)을[64] 깨달음으로 잘못 알고서는, 바른 깨달음을 구하지 않고 생사(生死)를 해탈하지 않으니, 이는 놓아두고 논하지 말지어다.

금생에 이미 반야의 씨앗을 뿌렸다면 다음 생에 반드시 복덕(福德)과 지혜(智慧)를 갖추어서 과거와 현재의 모든 업을 뛰어넘을 것이다.

---

64) 이 識神은 수행을 통하여 마음이 아주 맑아진 자리를 말하나, 아직 微細妄想이 다 끊어진 경계는 아니다.

裴相國 李駙馬 韓文公 白樂天 蘇東坡 張無盡이 卽此之類也니라.

배상국(裴相國)65) · 이부마(李駙馬)66) · 한문공(韓文公)67) · 백낙천(白樂天)68) · 소동파(蘇東坡)69) · 장무진(張無盡)70) 등이 곧 이와 같은 부류이다.

---

65) 黃蘗希運 선사를 參訪하고 西來密旨를 깨달아서 그의 제자가 된 사람인데, 圭峯宗密과도 왕래가 있었다.

66) 天子의 사위였던 사람인데, 1038년 石門慈照(986~1039)를 參訪하고 出家事를 물었다가 깨달음을 얻고 다음과 같은 게송을 지어 바쳤다. 學道須是鐵漢 着手心頭便判 直取無上菩提 一切是非莫管.

67) 당나라 때 시인이며 문장가이며 정치가로서 성은 韓氏이고 이름은 愈이며 字는 退之이다(768~824). 처음에는 불교의 병폐를 통렬히 비판하다 湖州로 귀양까지 갔지만, 거기서 太顚 선사를 만나 가르침을 받고 다음과 같은 게송을 읊었다. 徑截之言問太顚 文公良馬暗窺鞭 敏乎三平重指拔 中霄雲散月當天.

68) 중국 당나라 때 시인으로 성은 白氏, 이름은 居易, 字는 樂天, 號는 香山이다. 元和15年(820) 杭州牧使로 있을 때 鳥窠 선사를 찾아 가르침을 받았다. 그가 저작한 것 중 唐 玄宗과 양귀비의 사랑을 노래한 長恨歌가 매우 유명하다.

69) 중국 宋나라 때의 문장가로서 성은 蘇氏이고 이름은 軾인데, 字는 子瞻이고 號는 東坡이며 諡號는 文忠公이다. 하루는 江州東林의 興起寺에 머물며 照覺 선사와 더불어 無情說法에 대해 이야기하다가 깨친 바가 있어, 다음날 새벽 다음과 같은 게송을 지었다. 溪聲便是廣長舌 山色豈非淸淨身 夜來八萬四千偈 他日如何擧似人. 그의 저작으로 赤壁賦가 매우 유명하다.

70) 大鑑 아래로 第15世인 兜率從悅의 제자로서 성은 張氏, 이름은 商英, 字는 天覺, 號는 無盡居士, 諡號는 文忠이다. 처음에 불교를 비방하는 「無佛論」을 지으려다 부인의 권유로 『유마경』을 읽고 나서 불교의 깊은 이치를 터득하였다. 나중에는 歐陽修의 불교 비방에 대하여 「護法論」을 짓게 되었다.

雖沈迷欲境하고 亦不曾用工이나 纔叅見善知識의 一言之下에 頓悟上乘이어 超越生死니라. 雖在塵中이나 遊戱三昧하며 不忘佛囑이어 外護吾門하며 咸載祖燈이어 續佛慧命이라. 此輩 若不是宿世栽培라면 焉得便恁麽開花結子 福足慧足이리요. 是則固是나 今日 山僧은 却有箇鍛凡成聖底藥頭이니 不假栽培底種子라.

비록 그들이 오욕의 경계에 깊이 빠졌고 또한 이전에 화두를 공부한 적이 없더라도, 선지식의 일언지하(一言之下)에 몰록 최상승(最上乘)의 도를 깨달아 생사를 초월하였다.

세상에 살더라도 삼매를 즐겼으며, 부처님의 부촉을 잊지 않아 불문(佛門)을 외호(外護)하였으며, 선가(禪家)의 기록에 그들의 이름이 실려 부처님의 혜명(慧命)을 이었다.

이 사람들이 숙세(宿世)에 반야의 씨앗을 심어 가꾸지 않았다면 어찌 이런 꽃 피고 열매 맺는 복덕과 지혜를 구족(具足)할 수 있겠는가.

이것이 옳기는 참으로 옳지만, 오늘 산승(山僧)에게는 오히려 범부를 단련하여 성인을 만드는 약이 있으니, 심어서 가꿀 필요가 없는 씨앗이다.

說則辭繁에 略擧一偈하노라. 欲明種子因이면 熟讀上大人이네 若到可知禮면 盲龜跛鼈을 親하리라.

설명하자면 말이 번잡하기에 간략히 게송을 하나 읊겠노라.

씨앗의 正因을 밝히려 하면
上大人을[71] 열심히 읽어야 하네
仁義禮智 알 만한 경지에 가면
눈먼 거북 절뚝 자라 친해지리라.

♡ 부모도 가까이 하지 않으면서 화두를 챙기는 자리는 반야의 씨앗이다. 이 자리는 부사의(不思議)한 위신력이 있어 죽어서도 염라대왕이 공경한다. 이 씨앗을 뿌려 금생에 성불하지 못하더라도, 내생에는 반드시 복덕과 지혜를 구족하여 성불한다. 그러나 고봉은 이 과정을 생략하니, 눈먼 거북 절름발이 자라니라.

71) 각주 30번을 참조 바람.

4. 은산철벽에서도 화두를 챙겨야 結制示衆

大限은 九旬이요 小限은 七日이라. 麤中有細하고 細中有密하며 密密無間이어 纖塵不立이니 正恁麽時 銀山鐵壁이라. 進則無門이고 退之則失이어 如墮萬丈深坑에 四面이 懸崖荊棘니라. 切須猛烈英雄은 直要翻身跳出이라. 若還一念遲疑이면 佛亦救你不得이리니 此是最上玄門이니라. 普請하니 大家着力이어다.

공부하는 기간은 길게 잡아야 아흔 날이요 짧게 잡으면 이레이다. 거친 가운데 미세한 것이 있고, 미세한 가운데 은밀한 것이 있으며, 은밀하고 은밀하여 틈이 없어 가는 티끌도 세울 수 없으니, 바로 이러한 때가 은산철벽(銀山鐵壁)이다. 나가자니 문이 없고 물러서자니 공부를 모두 잃어, 마치 깊숙한 구덩이에 떨어져 사방을 둘러싼 높은 절벽과 험한 가시밭 속에 있는 것과 같다.

간절한 바람인데 공부에 치열한 대장부라면 바로 이 자리에서 몸을 뒤쳐 뛰어나와야 한다. 만약 한 생각이라도 의심하여 머뭇거린다면 부처님도 그대들을 구할 수 없는 것이니, 이것이 최상의 깊은 도리이다.

널리 청하건대 대중들이여! 다 함께 공부에 힘쓸지어다.

山僧이 雖則不關閑非越例라도 與諸人에게 通箇消息하리라.

⊙ ⊙ ⊙

산승이 비록 남의 잘못을 막는 탁월한 역량이 없더라도, 모든 사람들에게 이 소식을 전해 주노라.

⊙ ⊙ ⊙

화두를 챙기다 은산철벽(銀山鐵壁)의 경계를 만날 때도 주저 없이 전심 전력으로 나아가야 한다는 내용이다. 이것이 최상의 도리이니, 화두를 챙기는 중 나타나는 일체의 경계에 신경 쓰지 말고 화두일념(話頭一念)에만 힘쓰라는 이야기이다. 공부하는 기간은 길게 잡아야 아흔 날이요 짧게 잡으면 이레이다.

5. 향상일관은 안팎이 맑더라도 示衆

皮穿肉爛 筋斷骨折하여 具無礙辯 橫說竪說이라도 若謂向上一關이면 敢保老兄未徹이라. 直須虛空粉碎하고 大海枯竭하여 透頂透底해야 內外澄澈하리니 正恁麽時라도 猶是眼中着屑이니라. 大衆이여 且道하라. 如何是到家底句오. 泥牛喫鐵棒하니 金剛迸出血이로다.

살이 썩으며 힘줄이 끊어지고 뼈가 으스러지도록 공부해서 걸림 없는 말솜씨를 갖추었다 하더라도 향상일관(向上一關)을[72] 말한다면 내가 감히 '노형들은 아직 깨치지 못했다'고 단언하겠다.

바로 허공(虛空)이 무너지고 큰바다가 말라 꼭대기에서 바닥까지 꿰뚫고 지나가야 안팎이 맑아지리니, 바로 이러한 때도 오히려 눈 속의 티끌이니라. 대중들이여! 일러 보아라. 고향집에 도달한 소식이 어떤 것인지를…

진흙 소가 쇠몽둥이를 맞으니, 금강이 터져서 피를 쏟는다.

72) 공부가 끝나는 마지막 자리를 말한다.

若論此事라면 如大火聚 烈燄亘天하여 曾無少間이라. 所有之物을 悉皆投至라도 猶如片雪이듯 點着便消하리니 爭容毫末이리요. 若能恁麼提持라면 剋日之功을 萬不失一이나 儻不然者라면 縱經塵劫이라도 徒受勞矣리라. 海底泥牛가 啣月走하고 巖前의 石虎가 抱兒眠하네 鐵蛇가 鑽入金剛眼하여 崑崙騎象을 鷺鷥牽이로다. 此四句內에 有一句이어 能殺能活能縱能奪하니 若檢點得出이면 許與一生叅學事畢이라.

만약 이 일을 말하자면 크고 뜨거운 불덩이가 하늘가에 뻗쳐 조금도 틈이 없는 것과 같다. 온갖 것을 다 집어던져도 하늘에서 떨어지는 눈송이와 같이, 여기에 닿으면 곧 녹아 사라져 버리니 어찌 조금이라도 다른 생각을 받아들일 수 있겠느냐.

만약 이렇게 화두를 챙길 수 있다면 기한 내의 노력이 헛되지 않거니와, 그렇지 못하다면 오래오래 공부하더라도 부질없이 고생만 하는 것이다.

바다 밑의 진흙 소가 달을 물고 달리고
바위 앞의 돌 호랑이 아일 안고 잠자네
무쇠 뱀이 금강의 눈 단숨에 뚫어 버려
코끼리 탄 곤륜산을 끌고 가는 해오라기.

이 네 구절 안에 한 구(句)가 있어서 죽이고 살리며 마음대로 공략할 수 있으니, 낱낱이 점검하여 그것을 찾아낸다면 일생의 공부를 마쳤다고 허락하리라.

若論此事라면 譬如人家屋簷頭 一堆榼𢶍相似니라. 從朝至暮 雨打風吹해도 直是無人覷着이어 殊不知 有一所無盡寶藏이 蘊在其中이라. 若也拾得하면 百劫千生에 取之無盡이며 用之無竭이니라. 須知此藏은 不從外來라 皆從你諸人의 一箇信字上發生이니라. 若信得及이면 決不相誤이거니와 若信不及이면 縱經塵劫이라도 亦無是處니라. 普請諸人하니 便恁麼信去해야 免敎做箇貧窮乞兒니라. 且道하라. 此藏은 卽今在甚處오.

만약 이 일을 논한다면 어떤 집 처마 끝에 있는 한 무더기 쓰레기와 같다. 비바람이 아침부터 저녁까지 몰아쳐도 아무도 눈여겨보지를 않아, 무진보장(無盡寶藏)이 그 가운데 쌓여 있는 것을 조금도 알지 못하는 것이다.

만일 이것을 주워 가진다면 아무리 가져도 다 가질 수 없고, 아무리 써도 다 쓸 수 없는 것이다. 모름지기 이 무진보장은 밖에서 온 것이 아니라 모두 여러분의 믿음 위에서 생겨난 것임을 알아야 한다.

이 말을 믿는다면 결코 잘못되지 않거니와, 믿지 못한다면 오래오래 공부하더라도 이 공부는 옳지 않느니라. 널리 모든 사람들에게 권하니, 이렇게 믿어야 가난한 거지를 면할 터이다. 한번 일러보아라. 이 무진보장은 지금 어디에 있는가.

(良久 云하되) 不入虎穴이면 爭得虎子리요.

(한참 있다 말씀하시기를)

호랑이 굴에 들어가지 않으면, 어찌 호랑이를 잡을 수 있겠느냐.

♡ 향상일관(向上一關)은 안팎이 밝아야 한다. 여기에 미치지 못했다면 조금도 다른 생각 없이 맹렬히 화두 일념에 들어가야 한다. 어찌할 수 없는 은산철벽(銀山鐵壁)에서 한번 몸을 뒤쳐서 뛰쳐나와야 일생의 공부를 마치는 것이다. 이것을 믿는 마음에서 무진보장은 찾아진다.

6. 지옥에 가서도 내 공부가 解制示衆

九旬을 把定繩頭하며 不容絲毫走作이어 直得箇箇皮穿骨露 七零八落이라도 冷眼看來이면 正謂掘地討天이라 千錯萬錯이로다. 今日 到者裡에 不免放開一線이라. 彼此無拘無束이니 東西南北에 任運騰騰하며 天上人間에 逍遙快樂이어다. 然雖如是라도 且道하라. 忽遇鑊湯爐炭劍樹刀山이어서는 未審커라 如何棲泊고. (良久 云하되) 惡.

아흔 날 선정 속의 화두를 챙기며 한 자리에 앉아 움직이지를 않아 피골이 상접하고 초췌하더라도, 냉정한 눈으로 보면 바로 땅을 파서 하늘을 찾는 격이라, 참으로 잘못된 일이다.

그러기에 오늘 이 자리에서 한 가닥 살길을 열어 줄 수밖에 없었으니, 서로 구속됨이 없이 동서남북의 인연을 따라 활기찬 삶을 살아가며 천상과 인간 세계에서 유유하게 즐겨야 할 것이다.

그러나 이와 같더라도 한번 일러 보아라. 홀연 확탕(鑊湯)·노탄(爐炭)·검수(劍樹)·도산(刀山) 등의 지옥을 만나서는, 알지 못하겠다. 어떻게 이 자리에 머물 것인가를…

(한참 있다 큰 소리 지르시기를)

악!

♡ 참된 공부는 해제 · 결제가 없다. 지옥에 가서도 내 공부는 여여(如如)한가를 점검해야 한다.

7. 이 마음은 청정하여 티가 없건만 示衆

若要眞正決定明心이면 先將平日胸中 所受一切善惡之物을 盡底屛去하여 毫末不存하며 終朝兀兀如痴이듯 與昔嬰孩 無異하라. 然後에야 乃可蒲團靜坐 正念堅凝이어 精窮向上之玄機하며 硏味西來之密旨니라. 切切拳拳 兢兢業業으로 直敎絲毫無間하여 動靜無虧에 漸至深密幽遠한 微細微細極微細處라. 譬如有人이 遠行他方이라가 漸漸回途하여 已至家舍니라. 又 如鼠入牛角하여 看看走至尖尖盡底하며 又如捉賊討贓에 栲至情理俱盡이라.

만약 진정으로 밝은 마음을 가지려면, 먼저 평소의 가슴 속에 받아들인 모든 선악의 개념을 몽땅 버려 조금도 담아 두지 않아야 하며, 온종일 우뚝하게 앉아 바보인 듯 어린아이와 다름이 없어야 한다.

그런 뒤에야 고요히 방석에 앉아 정념(正念)을 굳혀, 향상(向上)의 현묘(玄妙)한 진리와 서래(西來)의 밀지(密旨)를 자세히 맛보는 것이다. 간절히 화두를 챙겨 조금도 틈이 없게 하여서, 움직임과 고요함 속에 한 치의 어그러짐이 없이 점차 깊고도 깊은, 미세하고 미세하여 극히 미세한 곳에 도달하는 것이다.

이는 마치 어떤 사람이 먼 타지방에 나갔다 점차 길을 돌려 집에 도착하는 것과 같다. 또 쥐가 쇠뿔에 들어가 달리다 뾰족한 막바지에 도달한 것 같으며, 또 도적을 잡아 장물을 찾을 적에 범죄 동기와 행위를 캐물어 남김없이 그 죄과를 드러내는 것과 같다.

不動不退이며 無去無來이며 一念不生이니 前後際斷이어 卓卓巍巍 孤孤迥迥이니라. 如坐萬仞崖頭이듯 又 若停百尺竿上이듯 一念纔乖에 喪身失命이니 將至功成九仞이라도 切須保任全提니라. 忽於經行坐臥處에 不覺 囗地一聲하면 猶如死在漫天荊棘林中이라가 討得一條出身活路相似리니 豈不快哉아.

이 자리에서는 움직이거나 물러날 것이 아니며, 가거나 올 것이 없으며, 한 생각도 생겨나지를 않으니, 앞뒤의 시제(時際)가 끊어져서 우뚝하고 우뚝하며 당당하고 늠름하다.

이는 마치 만 길의 절벽 끝에 앉아 있는 듯 또는 백 척 되는 장대 끝에 멈춰 있는 것과 같아, 한 생각 잘못에 자칫 목숨을 잃게 되는 것이니, 장차 공(功)을 이룬다 할지라도 아무쪼록 간절히 온전한 공부를 잘 챙겨나가야 할 것이다.

그러다 홀연 일상생활 속에서 자기도 모르게 와! 하는 일성(一聲)이 터진다면, 마치 가시가 가득한 큰 숲 속에서 죽었다 다시 살아 나올 수 있는 한 가닥 길을 찾아낸 듯 하리니, 이 자리가 어찌 통쾌하지 않겠는가.

若是汨沒塵勞이어 不求昇進이면 譬如水上之浮木도 其性實下이듯 暫得身輕이나 不堪浸潤이며 又如庭中之花 雖則色香俱美라도 一朝에 色萎香滅이면 無復可愛이며 又如農夫之種田에 雖有其苗라도 而工力이 不至이면 終不成實이며 便如貧窮乞兒 得少爲足이라. 久久에 萌芽가 再發하고 荊棘이 復生하면 被物之所轉이어 終歸沈溺하니 無上淸淨涅槃을 無由獲覩라. 豈不枉費前功이어 虛消信施리요.

만약 세상의 재미에서 빠져나올 생각을 하지 않는다면, 마치 물에 떠 있는 나무라도 실제 성품은 가라앉듯, 몸이 잠시 가뿐하나 번뇌에 빠져버림을 감당하지 못하는 것이며,

또는 뜰에 핀 꽃의 자태와 향기가 아름답더라도 하루아침에 시들어버리면 다시 더 좋아할 게 없는 것과 같으며,

또는 농부가 씨앗 뿌린 밭에 싹이 있더라도 가꾸지 않으면 끝내 열매를 맺을 수 없는 것과 같으니, 곧 이것은 가난한 거지가 먹을 것을 조금 얻고서는 만족하는 것과 같다.

이 세상의 재미가 오래되어 다시 번뇌의 싹이 트고 괴로움의 가시가 생겨나면 세상살이의 경계에 끝내 푹 빠지게 되는 것이니, 무상청정열반(無上淸淨涅槃)을 얻어 볼 길이 없다.

이런 것이 어찌 애써 이룬 공부를 헛되이 만들며, 신도의 시주물을 잘못 쓰는 것이 아니겠는가.

若是有志丈夫라면 正好向者裡하여 晦跡韜光 潛行密用하되 或三十年 二十年 以至一生에 終無他念이어 踏得實實落落 穩穩當當하여 直教纖塵不立 寸草不生이어 往來無礙하고 去住自由하면 報緣遷謝之日에 管取推門落臼니라. 若只恁麽紙裹茅纏하여 龍頭蛇尾라면 非特使門風有玷이라 亦乃退後學初心하리라. 如上所述管見은 莫不皆是藜藿之類이어 飽人은 不堪供養하고 以俟絶陳之流하나 終有一指之味니라.

만일 뜻이 있는 장부라면 바로 본분사(本分事)를 향하여서 자취를 숨기고 명예도 버리고 공부해야 한다. 혹 스무 해나 서른 해를, 나아가 평생을 끝내 다른 생각이 없어야 한다. 분명하고 분명한 당당한 경지에서 조그마한 번뇌도 용납하지 않아야 한다. 그리하여 오고 가며 머무름에 무애자재(無礙自在)하면 이 몸의 인연이 다하는 날 틀림없이 원하는 결과를 얻게 될 것이다.

만약 이럭저럭 공부가 터덕거려 용두사미(龍頭蛇尾)라면 선문(禪門)의 가풍에 허물이 있을 뿐만 아니라, 또한 후학들의 초심(初心)도 퇴보시키는 것이다.

위와 같이 말한 나의 소견들이 시원치 않아 감히 아는 사람에게는 공양할 수 없고 법에 굶주린 사람을 기다리나, 이들도 결국은 아는 사람의 경계와 똑같은 맛을 보게 될 것이다.

往往 學道之士가 忘却出家本志 一向隨邪逐惡하여 不求正悟하고 妄將佛祖機緣 古人公案을 從頭穿鑿하여 遞相傳授하며 密密珍藏으로 以爲極則이라. 便乃不守毘尼하고 撥無因果하며 人我愈見峥嶸이어 三毒이 倍加熾盛하니 如斯之輩는 不免墮於魔外하여 永作他家眷屬이라. 若有未遭邪謬하여 不負初心이면 當念無常迅速 痛思苦海沈淪하여 趁二時粥飯現成 百般受用便當에 便好乘時直入이라 莫待臨嫁醫癭이어다.

이따금 도 배우는 이들이 출가의 본뜻을 잊고 하나같이 삿되고 악한 길을 따라 바른 깨달음을 구하지 않고, 허망하게 불조(佛祖)의 기연(機緣)과 고인(古人)의 공안(公案)만을 처음부터 끝까지 집착하여, 서로 법이라고 전수를 하며 이를 아무도 모르는 보배라 하여 최고를 삼는다. 그리하여 계율을 지키지 아니하고 인과를 무시하며 너와 나의 다툼이 더욱 늘어나 탐진치(貪瞋癡)만 치성하니, 이와 같은 무리들은 마구니와 외도의 경계에 떨어져 영원히 그들의 권속이 될 것이다.

만약 삿된 오류를 만나지 않아 처음 마음을 저버리지 않았다면, 세월의 덧없음과 고해(苦海) 속에 깊이 빠져 있는 것을 뼈아프게 생각해야 한다. 끼니를 이어가며 생활하는 그 자리에서 바로 시절인연을 타고 공부해 들어갈 일이지, 처녀가 시집갈 때가 되어서야 목의 혹을 치료하는 것과 같이 해야 하겠는가.

此乃從上佛祖之心印이며 無礙解脫之妙門이라. 設使機緣不偶하고 工力未充이라도 切須捨命忘形하고 勤行苦行하여 至死拌生이라도 一心不退니라. 復有葛藤未盡이어 不免重說偈言하노라. 此心淸本無瑕어늘 只爲貪求被物遮로다 突出眼睛全體露하면 山河大地是空華리라.

이것이 부처님과 조사 스님들의 심인(心印)이며 걸림 없는 해탈의 오묘한 방편이다. 설사 기연을 만나지 못하고 공부가 충분하지 않더라도, 간절히 바라건대 목숨도 돌아보지 않고 부지런히 수행하다 죽게 되더라도 한 마음을 가지고 물러나지 않아야 한다. 다시 더 하고 싶은 말이 남아 있기에 거듭 게송으로 말하고자 한다.

이 마음은 청정하여 티가 없건만
탐심으로 온갖 번뇌 드리워지네
안목이 툭 트여서 실체를 보면
산하대지 이 모두가 허공의 꽃들.

東西十萬이요 南北八千으로 纖塵不立하고 寸草不生하여 往來無礙하고 妙用從橫이로다. 直饒親到者裏라도 正是棄本逐末이니 引禍招殃이니라. 且道하라. 如何是本고. (擲拄杖하고 云하되) 抛出輪王三寸鐵해도 分明遍界是乃鎗이라. 低頭覓天하고 仰面尋地하니 跛跛挈挈이어 遠之遠矣로다. 驀然撞着徐十三朗하면 嗄 元來只在者裡로다.

동서가 10만리요 남북이 8천리로서 가는 티끌이나 한 치의 풀도 생겨나지를 않으니, 오고 가는 것에 걸림이 없고 신통묘용(神通妙用)이 자유자재하다. 설사 몸소 이런 경지에 도달하더라도 바로 근본(根本)을 버리고 지말(枝末)을 좇는 격이니 화를 불러 재앙을 자초하는 것이다. 한번 일러 보아라. 어떤 것이 근본인고…

(주장자를 던지고 말씀하시기를)

전륜성왕이 쇠로 된 세 치 혀를[73] 내밀어도
분명히 온 세계가 창으로 덮이리라.

머리를 숙여 하늘을 보고 얼굴을 우러러 땅을 찾으니
공부가 더디어져 멀고도 멀어짐이라.

별안간 서씨의 열셋째 아들을[74] 만나면, 와! 본디 이 자리에 있는 것을…

73) 쇠로 된 세 치 혀는 無所不爲의 권력 가진 사람의 명령을 의미한다.
74) 중국의 春秋戰國 시대에 서씨의 열셋째 아들이 죽은 줄 알았다가 전쟁터에서 아버지가 아들을 우연히 찾았다는 이야기에서 따온 내용이다. 여기서는 깨달음에 비유한다.

(以手로 拍膝一下하고 云하되) 在者裏라도 臘月三十日到來에는 也是開眼見鬼하리라.

(손으로 무릎을 한 번 치고 말씀하시기를)

이 자리에 있더라도 죽음을 맞아서는, 역시 눈을 뜨고 귀신을 보리라.

공부하는 마음가짐은 일체의 선입견을 버리고 어린아이같이 순수하고 천진해야 한다. 세상의 재미를 멀리하고 어리석은 듯 오로지 화두만 참구해야 한다. 이것이 대장부의 일이고, 부처님의 심인(心印)이며, 걸림없는 해탈의 오묘한 방편이다. 산하대지 이 모두가 허공의 꽃들이다. 그러나 죽음을 맞아서는…

8. 고봉 스님의 상을 받으려면 立限示衆

五陰山中 魔强法弱이어 戰之不勝이면 休擬議着 寶劒全提하여 莫問生殺하고 奮不顧身하여 星飛火撒이어다. 有功者는 賞이고 無功者는 罰이어서 賞罰이 旣已分明하니 且道하라. 今日喫棒底上座는 是賞耶아 是罰耶아.

오음산(五陰山)[75] 중에 마(魔)는 강하고 법(法)이 약하여 마(魔)를 싸워서 이기지 못한다면, 주저 없이 보검을 들어 사느냐 죽느냐를 묻지 말고, 치열하게 힘껏 싸워나가야 할 것이다.

공(功)이 있는 자는 상이요 공이 없는 자는 벌이어서, 상벌(賞罰)이 이미 분명하니 한번 일러 보아라.

오늘 방망이를 맞은 상좌는 상이겠느냐, 벌이겠느냐.

---

75) 五陰山은 色受想行識 오음으로 이루어진 중생의 몸과 마음을 말한다.

若向者裏에 緇素得出이면 便見興化가 於大覺棒下에서 悟喫棒底消息하리라.

만약 이 자리의 옳고 그름을 가려낸다면 곧 흥화(興化)가[76] 대각(大覺)[77] 선사에게 방망이를 맞으며 깨친 소식을 볼 것이다.[78]

♡ 고봉 스님의 상을 받으려면 생과 사를 도외시하고 치열하게 공부할 일이다.

---

76) 臨濟義玄의 제자. 大覺 스님의 회상에서 원주를 지냈으며, 三聖庵에서 雲居道膺을 예방하고 心要를 전해 받았다. 諡號는 廣濟大師이고 塔號는 通寂이다.

77) 仁岳記에는 大覺敬連이라 하였으나, 大鑑 밑의 第11世 泐潭懷澄의 제자인 明州 育王山 懷璉大覺 선사가 아닌가 싶다. (續傳燈錄 第五 참조 바람)

78) 興化 스님이 大覺 스님에게 방망이를 맞고, 臨濟義玄이 黃蘗 스님에게 세 번에 걸쳐서 예순 방을 맞고 깨달음을 얻은 소식을 알았다는 것이다. 미주(13) 참조 바람.

9. 참선은 오로지 한 생각으로 示衆

參禪에 若要剋日成功이면 如墮千尺井底相似이듯 從朝至暮 從暮至朝에 千思想萬思量이 單單只是箇求出之心이어 究竟에 決無二念이니라. 誠能如是施工이어 或三日 或五日 或七日에 若不徹去이면 西峰은 今日犯大妄語하니 永墮拔舌犁耕하리라. 有時에 熱鬨鬨하고 有時에 冷冰冰하며 有時에 如牽驢入井하고 有時에 如順水張帆하니 因此四魔 更相殘害로 致使學人이 忘家失業이라.

참선을 하며 정해 놓은 기한 안에 공(功)을 이루려면, 마치 천길 우물 속에 빠져 있는 자가 밤낮으로 모두 오직 이 우물에서 빠져나올 마음뿐이듯이 끝내 결코 다른 생각이 없어야 한다.

진실로 이와 같이 공부할 수 있어 혹 사흘 닷새 이레가 되어도 공부를 깨치지 못한다면 서봉은 오늘 대망어죄(大妄語罪)를[79] 범한 것이니, 영원히 혓바닥을 갈기갈기 찢어대는 지옥에 떨어질 것이다.

어떤 때는 들뜨듯 산란(散亂)하고 차가운 듯 혼침(昏沈)하며, 어떤 때는 나귀 끌고 우물 속에 들어가듯 물길 따라 돛을 펴듯 역경계(逆境界)나 순경계(順境界)가 되니, 이 네 마구니의 집요한 훼방으로 학인들이 해야 할 일을 잊게 한다.

---

79) 大妄語는 진리를 깨치지 못했는데도 깨쳤다고 스스로 말하여 남을 속이는 것으로서 출가인의 커다란 허물에 속한다. 승단에서 쫓겨나는 가장 큰 죄 가운데의 하나이다.

西峰은 今日 略施一計하여 要與諸人이 掃蹤滅跡하리라. (良久에 云하되) 捷. 兄弟家 成十年二十年토록 撥草瞻風이나 不見佛性하고 往往 皆謂被昏沈掉擧之所籠罩라 하니 殊不知只者昏沉掉擧四字當體가 卽是佛性이라. 堪嗟라. 迷人은 不了하여 妄自執法爲病하니 以病攻病하여 致使佛性으로 愈求愈遠하고 轉急轉遲하니라.

서봉(西峰)은 오늘 간략히 한 계책을 베풀어서 모든 사람에게 마구니의 자취를 없애 주려 하노라.

(한참 있다 소리치시기를)

악!

여러분이 열 해 스무 해가 되도록 무명(無明)의 풀을 헤치고 시원한 불성(佛性)의 바람을 보려 했으나, 불성을 보지 못한 채 자주 모두 "혼침(昏沈)과 도거(掉擧)의 방해를 받았다"라고 말을 하니, 이 혼침과 도거의 당체(當體)가 곧 불성(佛性)임을 조금도 알지를 못한다.

아, 슬프다! 미혹한 사람은 참뜻을 알지 못해 허망하게 법을 집착하여 병을 삼으니, 이 병으로써 병을 다스렸기 때문에 불성은 구할수록 더 멀어지고 서둘수록 더욱 더디어지게 되었다.

設使一箇半箇 回光返照하여 直下知非이어 廓然藥病兩忘하고 眼睛露出이어 洞明達磨單傳하며 徹見本來佛性이라도 若據西峰의 點檢將來라면 猶是生死岸頭事라. 若曰向上一路라면 須知更在靑山外이니라. 若論此事이면 正如逆水撑船이어 上得一篙에 退去十篙하고 上得十篙에 退去百篙하여 愈撑愈退니라.

설령 훌륭한 사람이[80] 한 생각을 돌이켜서 바로 잘못된 것을 알아, 확연히 약과 병을 잊고 안목이 트여 달마 스님의 법을 훤히 밝혀 본래불성(本來佛性)을 분명하게 보았더라도, 서봉(西峰)이 점검해 보면 아직도 생사의 언덕에 있는 일이다.

향상일로(向上一路)를 말하자면 모름지기 다시 청산 저 밖에 있는 줄 알아야 할 것이다.

만약 이 일을 논한다면 흐르는 물을 거슬러 배를 저을 적에, 한 삿대 저어 올리면 열 삿대가 밀리고 열 삿대 저어 올리면 백 삿대가 밀려, 배를 저을수록 더욱더 목적지에서 물러나는 것과 같다.

---

80) 『西史』에 云하되 秦나라 符堅이 率十萬師하고 入龜玆國하여 戰得一人半歸하니 一人은 羅什이요 半人은 習鑿齒라 鑿齒는 破一足故也니라. 그러므로 여기서 一個半個를 훌륭한 사람이라고 번역한 것이다.

退之又退하여 直饒退到大洋海底라도 掇轉船頭하여 決欲又要向彼中撐上이니 若具者般操略이면 卽是到家消息이라. 如人上山에 各自努力이니라. 此事의 的實用工切處에 正如搭對相撲相似하듯 纔有絲毫畏懼心纖塵差別念을 蘊于胸中이면 何止十撲九輸리요. 未着交時 性命이 已屬他人了也니라.

밀리고 밀려서 바다 끝까지 밀리더라도, 뱃머리는 목적지를 향하여 끊임없이 결단코 밀어 올리듯 이런 지조와 지략을 갖춘다면 곧 깨달음에 다가가는 소식이다.

이는 마치 사람이 산에 올라갈 때 저마다의 노력으로 올라가는 것과 같다.

이 일을 확실하게 공부하는 간절한 곳에서는 마치 맞붙어 씨름하는 것과 같다. 자칫 상대방을 조금이라도 두려워하거나 실력이 딸린다는 마음이 있으면, 어찌 열 번 싸워서 아홉 번 지는 데만 그치겠느냐. 아직 씨름도 하기 전에 자기의 목숨은 이미 상대방 손에 달려 있는 것이다.

若是鐵眼銅睛이면 憤憤悱悱하여 直要一拳打碎 一口呑却이니 假使喪身失命이어 以至千生萬劫이라도 心亦不忘이니라. 諸上座여 果能如是知非하여 果能如是着鞭하면 剋日成功을 斷無疑矣리니 勉之勉之어다.

만일 쇠 눈과 구리 눈동자라면 비분강개하여 상대방을 당장 한 주먹에 쳐부수고 한 입으로 집어삼킬 것이다. 그러다 설령 목숨을 잃어 오랜 세월 윤회하더라도 그 마음 또한 잊지 않아야 할 것이다.

모든 상좌들이여! 과연 이와 같이 잘못된 것을 알아 노력할 수 있다면, 정해 놓은 기한 안의 공부 성취는 결단코 틀림없으리니, 힘쓰고 힘쓸지어다.

참선은 오로지 한 생각으로 가야 한다. 외로운 이 길을 가려면 온갖 마구니의 당체(當體)가 불성(佛性)인 줄 알아야 한다. 험난한 역경계(逆境界)에서도 두려움 없이 당당하게 이 공부는 밀고 나가야 한다. 그리하여 향상일로(向上一路)가 다시 청산(靑山) 저 밖에 있는 줄을 알아야 한다.

10. 마음가짐은 바르고 진실한가 晩叅[81]

叅에 須實叅하고 悟에 須實悟이면 動轉施爲에 輝今耀古니라. 若是操心不正하고 悟處不眞이어 粧粧點點 鬪鬪飣飣하여 被人輕輕掺着이면 未免喚燈籠하여 作露柱니라. 且道하라. 如何是實叅實悟底消息인고. (良久에 云하되) 南山에 起雲하니 北山에 下雨로다.

진실하게 참구하다 깨달으면 밥 먹고 똥오줌 누는 자리에서 고금(古今)의 본분사가 빛날 것이다. 마음가짐이 바르지 못하고 깨달은 곳이 진실하지 못하여, 겉모양만 꾸미고 쓸데없는 논쟁들로 세상 사람들의 업신여김을 받는다면, 등불을 기둥이라 하는 어리석음을 면치 못할 것이다.

한번 일러 보아라. 어떤 것이 실참실오(實參實悟)의 소식인지를…

(잠시 있다 말씀하시기를)

남산(南山)에 구름이 이니, 북산(北山)에 비가 오도다.

---

81) 晩叅이란 『祖庭錄』에서 말하기를 "禪家에서 아침에 上堂하는 것을 早叅이라 하고, 저녁에 念誦하는 것을 晩叅이라 하며, 때에 상관없이 상황에 맞추어 법을 설하는 것을 小叅이라 한다. 叅이란 넓고도 큼을 말하여, 參하는 자리에 눈에 보이거나 보이지 않는 중생이 모두 모이고 龍神이 다다라서 범부와 성인을 묻지 않게 되니 어찌 여기에 僧과 俗을 가리겠는가. 그러므로 法을 세우는 사람은 平等心으로써 이들 중생을 교화해야 한다"라고 하였다. 여기의 晩參이 저녁에 하신 법문을 의미하나, 參의 의미를 알면 나날의 살림 속에 禮佛・看經・念佛이 모두 참된 수행 아닌 것이 없을 것이다.

♡ 마음가짐이 바르고 깨달은 곳은 진실한가. 바른 마음으로 자기의 양심(良心)을 알면 공부가 보인다.

11. 진실한 믿음으로 화두를 의심해야 示信翁居士

大抵參禪은 不分緇素이어 但只要一箇決定信字라. 若能直下信得及이어 把得定하여 作得主하고 不被五欲所撼이 如箇鐵橛子相似이면 管取剋日成功하되 不怕甕中走鼈이라. 豈不見이오. 華嚴會上의 善財童子가 歷一百一十城 五十三善知識하고 獲無上果도 亦不出者一箇信字이며 法華會上에서 八歲龍女가 直往南方無垢世界하여 獻珠成佛도 亦不出者一箇信字이며

대저 참선은 승(僧)·속(俗)의 구분 없이 오직 하나의 결정적 믿음을 필요로 할 뿐이다. 당장에 믿어 선정(禪定)의 주인이 되고 오욕에 흔들리지 않는 무쇠막대기와 같다면, 반드시 정해 놓은 기한 안에 공부를 성취하되 독 안의 자라가 달아날까 두려워하지 않는 것이다.

어찌 보지를 못하는가. 화엄회상(華嚴會上)의 선재(善財) 동자가 일백일십 성(城)을 지나 오십삼 선지식을 순례하고 무상과(無上果)를 획득한 것도 이 하나의 믿음을 벗어난 것이 아니며,

법화회상(法華會上)에서 여덟 살짜리 어린 용녀(龍女)가[82] 바로 남방의 무구(無垢) 세계로 가서 부처님께 구슬을 바치고 성불(成佛)한 것도 또한 이 믿음을 벗어난 것이 아니며,

---

82) 미주 (14) 참조 바람.

涅槃會上에서 廣額屠兒가 放下屠刀하고 唱言하며 我是千佛一數도 亦不出者一箇信字이며 昔有阿那律陀 因被佛訶이어 七日不睡에 失去雙目해도 大千世界를 如觀掌果도 亦不出者一箇信字이며 復有一小比丘 戲一老比丘하여 與證果位라 하고 遂以皮毬로 打頭四下에 卽獲四果도 亦不出者一箇信字이며

열반회상(涅槃會上)에서 짐승 잡던 광액(廣額)이[83] 짐승 잡는 칼을 놓고 소리치며 "나도 천불(千佛) 가운데 하나이다"라고 한 것도 이 믿음을 벗어난 것이 아니며,

옛적에 아나율타(阿那律陀)가[84] 부처님의 꾸지람을 듣고 이레 동안 잠자지를 않아 두 눈이 멀고서도 대천(大千) 세계를 마치 손바닥 안의 과일 보듯 했던 것도 이 믿음을 벗어난 것이 아니며,

또 어떤 젊은 비구가 늙은 비구를 희롱하여 "과위(果位)를 증득케 하리라" 하고 마침내 가죽 공으로 머리를 네 번 때리는 데서 곧 노스님이 사과(四果)를 얻은 것도 이 하나의 믿음을 벗어난 것이 아니며,

---

83) 미주 (15) 참조 바람.

84) 阿那律은 부처님의 사촌인데, 평생 잠이 많아 게송으로 부처님은 다음과 같이 꾸지람을 할 정도였다. 咄咄胡爲寐 螺螄蚌蛤類 一宿一千年 不聞佛名字. 여기서 마음을 새롭게 먹고 이레 동안 잠을 자지 않으며 공부하여, 마침내 깨달음을 얻어 天眼第一이란 소리를 듣게 되었다. 미주 (16) 참조 바람.

楊岐 參慈明和尙할새 令充監事하여 以至十載에 打失鼻孔하고 道播天下도 亦不出者一箇信字이니 從上若佛若祖가 超登彼岸 轉大法輪하여 接物利生이 莫不皆由此一箇信字中流出이니라.

양기(楊岐)[85] 스님이 자명(慈明)[86] 화상을 참례하여[87] 스님의 지시로 절 일을 보면서도 십 년의 세월 속에 식심(識心)을 잃어버리고 도를 천하에 전파(傳播)하게 됨도 이 하나의 믿음을 벗어난 것이 아니니,

예로부터 부처님과 조사 스님들이 피안(彼岸)에 올라 대법륜(大法輪)을 굴려 중생을 이롭게 한 것이 모두 이 하나의 믿음에서 흘러나오지 않은 것이 없었다.

---

85) 南岳 밑의 11세인 慈明楚圓의 제자로서 五家七宗 가운데 揚岐派의 開祖이다. 성은 冷氏이고 諱는 方會이며 號는 揚岐로서 袁州宜春 사람이다. 법을 白雲守端에게 전했다.

86) 慈明(986~1039)은 南岳 밑의 10세인 汾陽善昭의 제자이다. 姓이 李氏이고 諱는 慈明이며 號는 楚圓이다.

87) 楊岐 스님이 監寺라는 직책을 맡아 慈明 스님을 도우면서, 매일 그에게 법을 물어도 그는 "오늘은 바쁘니 내일 오너라" 하며 열 해 동안 아무 가르침이 없었다. 하루는 떠나기를 작정하고 말하기를, "제가 이곳에서 열 해 동안을 한 마디의 법도 듣지 못했기 때문에 다른 곳으로 떠납니다"라고 하였다. 자명 스님은 이에 답변하기를, "날마다 너에게 법을 말해 주었는데, 어찌 한 마디도 듣지를 못했는가"라고 하였다. 양기 스님은 그 말에서 큰 깨달음을 얻어 識心의 근본자리를 타파하였다고 한다. 또한 미주 (17) 참조 바람.

故로 云하되 信是道元功德母며 信是無上佛菩提이니 信能永斷煩惱本이어 信能速證解脫門이라. 昔有善星比丘가 侍佛하며 二十年을 不離左右하나 蓋謂에 無此一箇信字이어 不成聖道하고 生陷泥犁니라. 今日信翁居士는 雖處富貴之中이나 能具如是決定之信이라. 昨於壬午歲에 登山求見이라가 不納而回니라. 又 於次年冬에 拉直翁居士同訪해서야 始得入門이라.

그러므로 "믿음은 도의 근원이고 공덕의 어머니이며[88] 위 없는 부처님의 깨달음이니, 믿음으로 영원히 번뇌의 뿌리를 끊어 해탈의 문을 빠르게 증득할 수 있다"라고 말한다.

옛날 선성(善星)[89] 비구가 부처님을 시봉하며 그 곁을 스무 해 동안 떠나지 않고 있었지만, 이 하나의 믿음이 없었기에 거룩한 도를 이루지 못하고 산 채로 지옥에 떨어졌던 것이다.

오늘날 신옹(信翁) 거사는 비록 부귀한 가운데 살면서도 이런 결정적 믿음을 갖출 수 있었다. 그가 지난 임오년(壬午年)에 산에 올라와서 나를 만나려다 뜻을 이루지 못하고 돌아간 적이 있다. 그리고 또 다음해 겨울 직옹(直翁) 거사와 함께 방문해서야 비로소 내 문안에 들어올 수 있었다.

---

88) 미주 (18) 참조 바람.
89) 부처님이 출가하기 전에 세 아들을 두었는데, 善星과 優波摩耶와 羅睺羅였다고 한다. 또 다른 이야기로는 善星이 부처님의 사촌 동생이었다고 한다. 미주 (19) 참조 바람.

今又越一載하여 齎糧裏糝하고 特來相從하여 乞受毗尼하며 願爲弟子할새 故로 以連日詰其端由하니 的有篤信趣道之志니라. 維摩經 云에 高原陸地에 不生蓮華하나 卑濕汚泥에 乃生此華라 하니 正謂此也로다. 山僧이 由是로 憮之하여 將箇省力易修曾驗底話頭 兩手分付 萬法歸一 一歸何處하니 決能便恁麽信去하고 便恁麽疑去어다.

지금 또 한 해를 넘겨 양식을 가지고 특별히 찾아와 계(戒) 받고 제자 되기를 원하므로 여러 날 그 까닭을 따져 물었더니, 확실히 돈독한 믿음과 도에 나아갈 뜻이 있었다.

『유마경(維摩經)』에서 "고원(高原)과 육지(陸地)에서는 연꽃이 피지 않으나 낮고 습한 진흙탕에서는 이 꽃이 자란다"라고[90] 한 것이 바로 이를 일러서 한 말이다.

산승이 이로 말미암아 그대들을 위하여 힘을 덜고 닦기 쉬우며 일찍이 경험해 보았던 화두 "만법귀일(萬法歸一) 일귀하처(一歸何處)"를 두 손으로 전하노니, 반드시 그대는 이렇게 믿고 이렇게 의심할지어다.

---

90) 미주 (20) 참조 바람.

須知疑는 以信爲體하고 悟는 以疑爲用이라. 信有十分이면 疑得十分이고 疑得十分이면 悟得十分이니라. 譬如水漲船高하고 泥多佛大니라. 西天此土의 古今知識의 發揚此段光明이 莫不只是一箇決疑而已라. 千疑萬疑가 只是一疑이니 決此疑者 更無餘疑니라.

모름지기 의심은 믿음으로 체(體)를 삼고 깨달음은 의심으로 용(用)을 삼는 줄 알아야 한다. 믿음이 전부이면 의심이 전부이고, 의심이 전부이면 깨달음이 전부이다. 이는 마치 물이 불으면 배가 높이 뜨고 진흙이 많으면 불상이 커지는 것과 같다.

서역과 이 땅에 있었던 고금(古今)의 선지식들이 모두 이 광명을 드높였던 것이, 다만 이 하나의 의심을 해결한 것뿐이었다. 천 가지 만 가지 의심이 다만 이 하나의 의심일 따름이니, 이 의심을 해결한 이는 다시 다른 의심이 없다.

既無餘疑라면 卽與釋迦彌勒 淨名龐老와 不增不減이어 無二無別이라. 同一眼見 同一耳聞 同一受用 同一出沒하니 天堂地獄에 任意逍遙하고 虎穴魔宮에 縱橫無礙이어 騰騰任運 任運騰騰이니라. 故로 涅槃經에 云하되 生滅滅已하여 寂滅爲樂이라. 須知此樂은 非妄念遷注情識之樂이어 乃是眞淨無爲之樂耳이니라.

이미 다른 의심이 없다면 석가모니 부처님과 미륵 부처님, 정명(淨名)이나 방 거사와 더불어서 더하거나 덜할 게 없이 똑같은 것이다. 똑같은 눈과 귀로서 보거나 듣고, 똑같은 삶으로서 나고 죽는다. 천당이나 지옥에서 마음대로 노닐며 호랑이 굴과 마구니 소굴에서도 종횡으로 걸림이 없다. 날 듯이 살아가며 삶의 흐름을 따라서 기세가 등등(騰騰)한 것이다.

그러므로 『열반경(涅槃經)』에서 "생멸(生滅)이 멸하여 적멸(寂滅)로서 즐거움을 삼는다"라고[91] 한 것이다. 모름지기 이 즐거움은 망념(妄念)으로 움직이는 정식(情識)의 즐거움이 아니어서, 참되고 깨끗한 무위(無爲)의 즐거움인 줄 알아야 한다.

---

91) 寂滅로서 즐거움을 삼는다는 것은, 寂滅 자체가 영원한 즐거움이라는 뜻이다. 미주 (21) 참조 바람.

夫子는 云에 夕死可矣라 하고 顔回는 不改其樂하며 曾點은 舞詠而歸하니 咸佩此無生眞空之樂也矣이니라. 苟或不疑不信이면 饒你坐到彌勒下生이라도 也只做得箇依草附木之精靈 魂不散底死漢이라. 教中에 言하되 二乘小果에서 雖入八萬劫大定이라도 不信此事일새 去聖愈遠이어 常被佛訶니라.

공자(孔子)는 "아침에 도를 들으면 저녁에 죽어도 좋다"라고 하였고, 안회(顔回)는 청빈의 즐거움을 바꾸지 않았으며,[92] 증점(曾點)은 춤을 추고 노래하며 돌아왔으니,[93] 이는 모두 이 무생(無生)의 진공(眞空)인 즐거움을 누렸던 것이다.

그러나 진실로 화두를 의심하지 않고 믿지 않는다면 그대가 설사 미륵 부처가 하생(下生)할 때까지 앉아 공부하더라도, 다만 초목에 붙어사는 정령(精靈)이 되거나 숨만 쉬고 살아가는 죽은 놈이 될 뿐이다.

그러므로 경전 가운데에서 "이승(二乘)의 소과(小果)에서 팔만겁(八萬劫)의 큰 선정에 들더라도, 이 일을 믿지 않았기에 성인(聖人)과의 경계가 더욱 멀어져서, 늘 부처님의 꾸지람을 받는다"라고 말하는 것이다.

---

92) 공자는 말하기를, "안회여, 욕심 없이 깨끗하여 먹을거리가 없어 어려운 살림 속에 살고 있구나. 다른 사람들은 그 어려움을 견디지 못할 것인데, 그대는 그 즐거움을 바꾸려 하지 않는구나. 참으로 어질도다, 안회여"라고 하였다.

93) 曾點은 공자의 제자이다. 『論語』에서는 "春服旣成에 冠者五六人과 童子六七人으로 浴乎沂하고 風乎舞雩하여 詠而歸라"고 하였다.

直欲發大信 起大疑하여 疑來疑去에 一念萬年이고 萬年一念이라. 的的要見 者一法子落着이면 如與人結了生死寃讐相似하듯 心憤憤地 卽欲便與一刀兩段하여 縱於造次顚沛之際라도 皆是猛利着鞭之時節이니라. 若到不疑自疑이어 寤寐無失하면 有眼如盲 有耳如聾이듯 不墮見聞窠臼니라. 猶是能所未忘이어 偸心未息이니 切宜精進中 倍加精進하여 直教行不知行 坐不知坐 東西不辨 南北不分하여 不見有一法可當情이니라.

당장 큰 믿음과 큰 의심을 일으켜서 화두를 의심해 감에, 한 생각이 만년(萬年)이고 만년이 한 생각이 되어야 한다.

분명히 이 한 법의 낙처(落處)를 보려면, 마치 어떤 사람과 생사의 원수를 맺은 듯, 마음이 분하여서 곧 목표를 일도양단(一刀兩段)하고자 하여 잠시의 틈도 없이 모든 생활이 치열하게 공부하는 시절이 되어야 한다.

만약 의심하지 않아도 저절로 의심이 되어 자나깨나 화두 챙기는 시절이 오면, 눈이 있어도 장님과 같고 귀가 있어도 귀머거리 같아서 보고 듣는 함정에는 떨어지지 않는다.

그러나 지금도 역시 주관과 객관이 잊혀지지를 않아 훔치려는 마음이 쉬지를 않았다. 아무쪼록 정진에 정진을 더하여 바로 다녀도 다니는 줄 모르고 앉아도 앉는 줄 모르며 동서남북도 분간하지 못하게 되어, 한 법도 중생의 정식(情識)에 떨어질 만한 것을 보지 않아야 한다.

如箇無孔鐵鎚相似이듯 能疑所疑 內心外境이 雙忘雙泯하여 無無亦無니라. 到者裏해도 擧足下足處에 切忌踏翻大海 踢倒須彌하며 折旋俯仰時에 照顧하여 觸瞎達磨眼睛하고 磕破釋迦鼻孔하니라.

마치 구멍 없는 무쇠방망이인 듯, 능의(能疑)와 소의(所疑) 및 내심(內心)과 외경(外境)이 모두 사라져, 없다는 것조차 없어진 그것 또한 없는 것이다.

이 자리에 도달해도 발을 들고 내리면서 큰 바다를 밟아 뒤친다거나 수미산을 차서 쓰러뜨린다는 생각을 간절히 꺼려야 할 것이며, 움직이는 경계에 부딪칠 때에도 마음을 돌이켜서 달마의 눈을 대질러 멀게 하고 석가의 콧구멍을 깨트려야 할 것이다.94)

94) 혹자는 이 부분을 "이 자리에 도달해도 이 경계를 간절히 꺼려 발을 들고 내리면서 큰 바다를 밟아 뒤치고 수미산을 차서 쓰러뜨려야 한다. 움직이는 경계에 부딪칠 때에도 마음을 돌이켜서 달마의 눈을 대질러 멀게 하고 석가의 콧구멍을 깨트려야 한다"라고 해석한다. 원문에서 切忌를 앞의 到者裏에 갖다가 새겨야 이런 해석이 나오는데, 殺活의 관점에서 보는 안목이다. 無無亦無를 殺로 보고 踏翻大海 踢倒須彌를 活로 보며 觸瞎達磨眼睛 磕破釋迦鼻孔을 殺로 보는 것이다. 그러나 역자나 대부분의 다른 사람들은 일단 글의 흐름으로 이 부분을 풀이하고 있는데, 이는 일체를 부정해 나가고 있는 殺의 관점에서 *妙有*가 드러난다고 보아 내용에 별 무리가 없다고 판단하고 있기 때문이다.

其或未然이면 更與添箇注脚하리라. 僧問趙州和尙에 萬法歸一이니 一歸何處오 하니 州 云하되 我在靑州에 作一領布衫하니 重이 七斤이라. 師云 大小趙州여 拖泥帶水로다 非特不能爲者僧하여 斬斷疑情이라 亦乃賺天下衲僧하여 死在葛藤窠裡로다. 西峰則不然이라. 今日 忽有人 問에 萬法歸一이니 一歸何處오 하면 只向他道하되 狗舐熱油鐺이니라.

혹 아직 그러하지 못하다면 다시 하나의 주해를 더 보태겠다. 어떤 스님이 조주(趙州)95) 화상에게 "만법이 하나로 돌아가니, 이 하나는 어디로 돌아갑니까"라고 물으니, 조주 화상이 "내가 청주에 있으면서 베옷 한 벌을 만드니 무게가 일곱 근이더라"고 말하였다.

아! 어쨌든 조주 스님이여, 진흙을 묻히고 물에 뛰어드는구나. 질문하는 스님의 의심을 끊어 주지 못할 뿐만 아니라, 또한 천하의 납승(衲僧)들을 속여 쓸데없는 말의 굴레 속으로 끌어들여 죽이는구나.

서봉(西峰)이라면 그렇지 않다. 오늘 갑자기 어떤 사람이 "만법이 하나로 돌아가니, 그 하나는 어디로 돌아갑니까"라고 묻는다면, 다만 그를 향하여 "개가 혓바닥으로 펄펄 끓는 기름 가마솥을 핥느니라" 말할 것이다.

---

95) 南泉普願의 제자로서 諱는 從諗, 號는 趙州, 謚號는 眞際大師라고 한다. 당나라 昭宗乾寧 4년(897) 11월 2일에 世壽 120세로 入寂하였다. 미주(22) 참조 바람.

信翁信翁이여 若向者裡에도 擔荷得去라면 只者一箇信字 也是眼中着屑이니라.

신옹이여! 만약 이 자리에서 화두를 챙길 수만 있다면, 단지 이 믿음 또한 눈 속의 티일 뿐이다.

믿음은 도의 근원이며 공덕의 어머니이다. 선지식에 대한 진정한 믿음이 있어야 화두에 대한 진정한 의심이 일어나고, 화두에 대한 의심이 있어야 화두를 챙기는 마음이 일어난다. 진실한 믿음이란 공부의 시발점이자 종착역이다.

12. 선객의 열 가지 병폐 示衆

兄弟家 十年二十年 以至一生에 絶世忘緣하고 單明此事해도 不透脫者病在於何오. 本分衲僧은 試拈出看하라. 莫是宿無靈骨麽아 莫是不遇明師麽아 莫是一曝十寒麽아 莫是根劣志微麽아 莫是汨沒塵勞麽아 莫是沈空滯寂麽아 莫是雜毒入心麽아 莫是時節未至麽아 莫是不疑言句麽아 莫是未得謂得 未證謂證麽아.

여러분들이 열 해, 스무 해, 나아가 평생 세상의 반연을 잊고 오로지 이 일을 밝혀가도, 이 일을 해결하지 못했던 병은 어디에 있었느냐. 본분에 충실한 납승(衲僧)은 시험삼아 드러내 보아라.

전생에 닦은 지혜가 없었던 것은 아닌가, 눈밝은 스승을 만나지 못했던 것은 아닌가, 하루 공부하고 열흘 놀았던 것은 아닌가,[96] 근기가 시원찮고 의지가 약했던 것은 아닌가, 번뇌망상에 푹 빠져 있었던 것은 아닌가, 공적한 곳에 걸려 막혀 있었던 것은 아닌가, 쓸데없는 마음이 있었던 것은 아닌가, 시절인연이 아직 도래하지 않았던 것은 아닌가, 화두를 의심하지 않았던 것은 아닌가, '얻지 못한 것을 얻었다 하고 증득하지 못한 것을 증득했다'라고 말했던 것은 아닌가.

---

96) 『論語』에 云하되 天下 雖有易生之物이나 一日曝之하고 十日寒之하면 未有能生者이니라. 이 뜻을 빌려 여기서는 공부할 때 하루 열심히 공부하고 놀 때는 열흘 정도 신나게 논다는 의미로서 공부를 성취하기 어렵다는 뜻이다. 바꾸어 말하면 화두 공부란 끊임없이 자기 마음을 지켜보고 챙기는 자리이므로, 해제 결제가 따로 없다는 소리다. 해제 결제란 말에 속지 말아야 한다.

若論膏肓之疾이면 摠不在者裡이니 旣不在者裏이면 畢竟에 在甚麽處오. 咄. 三條椽下 七尺單前이로다. 若論此事라면 如登一座高山相似이듯 三面은 平易하여 頃刻可上이듯 極是省力 極是利便이라. 若曰回光 返照하여 點檢將來이면 耳朶依前兩片皮며 牙齒依舊一具骨이니 有甚交涉이며 有甚用處리오.

만약 불치의 병을 논한다면 조금도 이런 곳에 있지를 않으니, 이 자리에 있지 않다면 마침내 어디에 있겠는가.

돌(咄)![97] 세 가닥의 서까래 밑 일곱 자 방석 앞이니라.

만약 이 일을 말하자면, 마치 높은 산을 오르는 듯 산의 세 면이 평탄하여 잠깐 동안에 오를 수 있는 것과 같이, 이 공부는 별 힘이 들지 않아 무척 수월하다.

그러나 회광반조(回光返照)하여 이 자리를 점검하면 늘어진 귀는 여전히 두 조각의 가죽이며 이빨은 옛 그대로 한 무더기의 뼈일 뿐이니, 본분사(本分事)와 무슨 상관이 있으며 무슨 쓰일 곳이 있겠는가.

---

97) 咄은 꾸짖거나 탄식하는 소리이다. 言語와 思量으로 미칠 수 없는 경계를 알려 주려 애쓰다 어찌할 수 없는 자리에서 터지게 되는 소리인데, 공부하는 납자라면 이 소리에 모든 것을 알아야 할 것이다. 큰스님들의 어록에서 자주 나오는 叱 呵 喝 唵 嗄 囐 咦 噁 등이 모두 이런 의미에서 쓰일 경우가 많다.

若是拏雲攫霧底漢子라면 決定不墮者野狐窟中하여 埋沒自己靈光 辜負出家本志니라. 直向那一面懸崖峭壁無捿泊處하여 立超佛越祖心으로 辦久久無變志하여 不問上與不上 得與不得이니라. 今日也 拌命跳하고 明日也 拌命跳하여 跳來跳去에 跳到人法俱忘 心識路絶하여 驀然踏翻大地하고 撞破虛空하면 元來山卽自己며 自己卽山이라.

만약 구름과 안개를 움켜잡는 이라면 결코 이런 여우 굴에 떨어져 자기의 신령스런 광명을 파묻어 출가한 본뜻을 저버리지 않는다.

바로 발붙일 수 없는 가파른 낭떠러지에서 불조(佛祖)를 뛰어넘음을 마음가짐으로 세월이 흘러도 변치 않을 뜻을 갖추어 어떤 경계에 올라간다거나 얻었다는 내용을 묻지 않는다.

오늘도 목숨을 던져 최선을 다하고 내일도 목숨을 던져 최선을 다하여 공부를 하다, 나와 경계가 모두 사라지고 심식(心識)의 길이 끊어진 데 이르러서, 갑자기 땅을 밟아 뒤치고 허공을 쳐부수게 되면 본디 산 그대로가 자기이며 자기 그대로가 산이다.

山與自己도 猶是冤家니라. 若要究竟衲僧의 向上巴鼻이면 直須和座 颺在他方世界하여야 始得이니라. 一二三四와 四三二一이 鉤鎖連環하여 銀山鐵壁이라. 覷得破 跳得出하면 大千沙界라도 海中漚이며 一切聖賢이라도 如電拂이라. 若是覷不破 跳不出이라면 切須翻天覆地 離巢越窟이라.

그러나 이 산과 자기도 오히려 원수가 된다. 만약 납승(衲僧)의 본분사(本分事)를 알고 싶다면 바로 자기가 앉는 자리조차 다른 세계로 날려 버려야 옳은 것이다.

一·二·三·四와 四·三·二·一은[98] 쇠사슬이 이어져 둥글게 엮어진 은산철벽(銀山鐵壁)이다. 이것을 알아 부수고 뛰쳐나온다면 아무리 많은 세계라도 바다의 물거품과 같고, 모든 성현들이라도 순식간에 사라지는 번갯불과 같다.

만약 이 철벽을 부수고 뛰쳐나오지 못했다면 모름지기 천지를 뒤집어서 이 귀신소굴을 벗어나야 한다.

---

98) 一·二·三·四와 四·三·二·一은 殺活의 관점으로 보기도 하고, 順境界와 逆境界 또는 差別과 無差別의 관점으로 보기도 한다.

便就一歸何處上에 東擊西敲 橫逼竪逼하여 逼來逼去에 逼到無棲泊不奈何處해도 誠須重加猛利이니 翻身一擲해야 土塊泥團이 悉皆成佛이니라. 若是不尷不尬이어 半進半出하여 蛇呑蝦蟆이면 西峰은 敢道하니 驢年이어야 始得이리라.

화두 '일귀하처(一歸何處)'에 나아가 화두를 챙기며 쪼고 또 쪼아서 공부해야 한다. 공부하다 머무를 수 없는 어찌할 수 없는 곳에 도달해도 모름지기 더욱 용맹심을 발하여야 한다. 여기서 몸을 뒤쳐 모든 것을 한번 던져야 진흙덩이 흙 뭉치가 모두 성불하는 것이다.

만약 통째로 두꺼비를 잡아먹던 뱀이 삼키지도 못하고 뱉지도 못하는 상태라면, 서봉(西峰)은 감히 '당나귀 해라야 비로소 공부가 되겠다'[99] 말하리라.

열심히 공부해도 공부를 성취하지 못하는 이유로서 선객의 열 가지 병폐를 지적하고 있다. 이런 병폐를 알고 화두를 끊임없이 챙겨가야 한다. 오늘도 내일도 목숨을 던져 최선을 다해야 한다. 은산철벽(銀山鐵壁)을 만난 자리에서는 더욱 용맹심를 발하여야 한다. 세 가닥의 서까래 밑 방석에서 은산철벽을 타파하여 한 생각 돌이킬 때 바로 그 자리가 성불(成佛)하는 곳이다.

---

99) 낭나귀 든 해는 있지가 않다. 아무리 기다려도 그 해는 오지를 않으니, 언제 공부를 마칠 기약이 있겠는가. 이 공부는 주저하며 어정쩡한 상태로 있는 것을 용납하지 않는다.

13. 막힘 없이 천리를 보려면 結制示衆

(以拂子로 ∴과 ≡을 畫하며) 大衆이여 還會麽아. 若也會得이면 如來禪 祖師禪 栗棘蓬 金剛圈 五位偏正 三要三玄을 無不貫串 無不窮源이니 到者裡하여 說甚長期短期 空觀假觀이리요. 得念失念이 無非解脫이며 成法破法이 皆名涅槃이니라. 若也不會라면 汝等一衆이 旣是各各齎粮裹糁하고 發大心來하니 九十日中 十二時內에 切切偲偲 兢兢業業이라.

(拂子로 ∴과 ≡을 긋고서) 대중들이여, 알겠느냐. 만약 알았다면 여래선(如來禪)・조사선(祖師禪)・율극봉(栗棘蓬)・금강권(金剛圈)・오위편정(五位偏正)[100]・삼요삼현(三要三玄)을[101] 모두 꿰뚫어 알지 못할 곳이 없으니, 이 자리에 이르러 무슨 길고 짧은 세월을 말하며 공관(空觀)・가관(假觀)을 설파하겠는가.

한 생각을 챙기든지 말든지 해탈 아닌 것이 없으며, 법이 되든 안 되든 모든 것을 열반이라 하는 것이다.

만약 이를 알지 못했다면 너희들 모두 이미 저마다의 화두를 지니고 크게 발심(發心)하였으니, 아흔 날 한 철 동안을 잠시도 쉼이 없이 간절하고 굳세게 공부해야 한다.

---

100) 洞山良介가 다양한 근기를 다루기 위하여 君臣의 관계를 가지고 周易의 卦爻를 빌려서 법을 설하는 내용을 말한다.

101) 보통 臨濟 스님이 수행인의 공부를 점검하기 위하여 설치한 관문을 말한다 三要는 第一要 第二要 第三要를 말하거나 大機圓應 大用直截 機用齊示를 말하고, 三玄은 第一玄 第二玄 第三玄을 말한다.

莫問到與不到 得與不得하고 牽絆草鞋 緊着脚頭하여 如冰稜上行 劒刃上走하듯 捨命忘形이니 但恁麽去라. 纔到水窮雲盡處 烟消火滅時면 驀然 踏着本地風光하여 管取超佛越祖리라. 直饒恁麽悟去라도 猶是法身邊事라. 若曰法身向上事라면 未夢見在이니 何故오. 欲窮千里目이면 更上一層樓이리라.

일체 경계에 의심하지 말고 화두를 단단히 챙겨서, 얼음 모서리 위를 걷거나 칼날 위를 달리듯 목숨을 돌아보지 말 것이며, 오직 이 한마음으로 공부를 지어가야 한다.

그리하여 번뇌가 다 사라진 곳에 이르게 되면 갑자기 본지풍광(本地風光)을 밟아 반드시 불조(佛祖)를 뛰어넘으리라.

그러나 설사 이렇게 깨달았다 하더라도 아직은 법신(法身) 둘레의 일들이다. 만약 법신의 향상사(向上事)를 말한다면 아직 꿈에도 보지 못했으니, 무엇 때문인가.

막힘 없이 천리를 보고자 하면
다시 한 층 더 올라가야 하느니라[102]

---

102) 李太白이 黃鶴樓에 올라 다음과 같이 읊은 詩 속에 나오는 구절이다. 白日依山盡 黃河入海流 欲窮千里目 更上一層樓.

♡ 세상의 진리를 알면 일체 시비와 논쟁이 사라지니, 이를 알기 위해서는 오로지 화두만 참구해야 한다. 본지풍광을 밟더라도 법신 둘레의 일들이라 하니, 여기에 무슨 말을 더 하겠는가. 더 먼 곳을 보려면 더 높이 올라가야 한다.

14. 참선의 요체를 논한다면 示衆

若論叅禪之要라면 不可執蒲團爲工夫하며 墮於昏沈散亂中 落在輕安寂靜裡라. 摠皆不覺不知이어 非唯虛喪光陰이라 難消施主供養이니라. 一朝眼光 落地之時 畢竟將何所靠오. 山僧이 昔年在衆에 除二時粥飯하고 不曾上蒲團이라. 只是從朝至暮 東行西行하며 步步不離에 心心無間이니라. 如是經及三載에 曾無一念懈怠心이라가 一日 驀然 踏着自家底하니 元來寸步不曾移더라.

만약 참선의 요체(要諦)를 논한다면 방석 위에 앉는 것만 집착하며 혼침과 산란과 빠져들거나, 또는 상쾌하거나 고요한 경계에 떨어져서는 안 된다. 이와 같다면 모두 참된 도리를 알지 못하여 헛되이 세월을 보낼 뿐만 아니라, 시주들의 은혜에도 보답하기 어려운 것이다. 이러다 어느 날 아침 문득 죽음을 맞이할 때, 필경에 무엇을 가져다 의지하겠는가.

내가 옛날 대중 속에서 두 끼니의 죽과 밥 먹을 때를 제하고는 방석 위에 앉지를 않았다. 다만 아침부터 저녁까지 이리저리 걸으면서 걸음걸음마다 화두를 조금도 여의지 않을 뿐이었다. 이와 같이 하여 세 해가 지나도록 일찍이 한 생각도 게으른 마음이 없었다.

그러다 어느 날 갑자기 고향 땅을 밟았더니, 원래 한 걸음도 이 자리에서 옮긴 것이 아니었더라.

昏忱掉擧 喜怒哀樂이 卽是眞如佛性이며 智慧解脫이라. 只緣不遇斯人하여 醍醐上味가 翻成毒藥이로다. 靈利漢이 假饒直下知非하여 全身擔荷라도 正好朝打三千 暮打八百이리니 何故오. 豈不見道아 知之一字 衆禍之門이니라.

혼침과 산란 및 희노애락(喜怒哀樂)이 그대로 진여(眞如)의 불성(佛性)이며 지혜와 해탈이었다.

다만 이 사실을 알고 있는 사람을 만나지 못하여 아주 맛있는 우유 죽이 독약이 되어 버린 것이었다.

영리한 사람이 설사 그 잘못됨을 바로 알아 온 몸을 던져 공부하더라도, 아침에 삼천 방 저녁에 팔백 방을 때릴 터이니, 무엇 때문인가.

"지(知)라는 한 글자가 온갖 재앙의 문이다"라고[103] 말한 내용을 그대들은 어찌 보지를 못하느냐.

---

103) 荷澤神會는 知之一字 衆妙之門이라고 하였고, 黃龍死心은 知之一字 衆禍之門이라고 표현하였다. 이 뜻은 知가 부처님의 경계에 있을 때는 온갖 신통 작용이 나오게 되나, 중생의 경계에 있다면 작용 하나하나가 모두 번뇌 덩어리라는 의미이다. 이 知가 부처님의 경계에 있으면 活이 되나 중생의 경계에 있다면 殺이 된다.

若論此事이면 如蚊子上鐵牛相似하듯 更不問如何若何하고 便向下觜不得處에 拌命一鑽하여 和身透入이라. 正恁麽時가 如處百千萬億香水海中하듯 取之無盡하고 用之無竭이니라. 設使志不堅 心不一하여 悠悠漾漾東飛西飛하면 饒你飛到非想非非想天이더라도 依舊只是箇餓蚊子리라.

만약 이 일을 논한다면 마치 모기가 무쇠 소의 등에 올라타서 피를 빨아먹듯, 이리저리 어떠한지 묻지 아니하고 바로 주둥이를 댈 수도 없는 곳에서 목숨을 버리고 한번에 뚫어서 몸통 전체가 무쇠 소를 뚫고 들어가는 것과 같다. 바로 이러한 때가 백천만억(百千萬億) 향수해(香水海) 가운데 처해 있는 것과 같이, 온갖 보물을 취해도 다 취할 수 없으며 마음껏 써 대도 다 없어지지를 않는 것이다.

만일 뜻이 견고하지 못하고 마음이 한결같지 않아서 늘어진다거나 동분서주(東奔西走)하게 되면, 설사 날아서 비상비비상천(非想非非想天)에 도달하더라도 여전히 하나의 굶주린 모기일 뿐이다.

참선의 요체는 앉는 것이 아니라 화두가 끊어지지 않는 데에 있다. 존재하는 자리에서 번뇌 자체가 진여(眞如)의 불성(佛性)임을 알지 못했던 것은 '안다'는 알음알이 때문이다. 좌선(坐禪)의 형식에 치우치지 않으며 알음알이를 버리고 우직하게 이어지는 화두를 챙기고 있을 때, 참 깨달음은 온다.

15. 선객의 고질병만 제외하고 端陽示衆

三十年來에 橫草不拈 竪草不踏이라가 單單只合得一服快活無憂散하니 其藥이 雖微라도 奏功이 極大라 不問佛病祖病 心病禪病 凡病聖病 生病死病 是病非病하고 除禪和子一種毛病之外에 聞者見者 無不靈驗이니라. 且喚甚麽하여 作毛病고.

좌우를 돌아보지도 않고 열심히 서른 해를 공부하다 오로지 한 번 쾌활한 무우산(無憂散)을[104] 먹었더니, 그 약이 작았더라도 효력은 지극히 컸다. 부처병, 조사병, 마음병, 선병(禪病), 범부병(凡夫病), 성인병(聖人病), 생병(生病), 사병(死病), 옳음병, 그름병 등을 가리지 않았으니, 오직 선객(禪客)들이 지닌 한 가지 고질병만[105] 제외하고는 듣거나 보는 이들 모두 영험 없었던 이들이 없었다. 무엇을 가져다 선객의 고질병이라 하는가.

---

104) 無憂散은 화두를 가리키니, 참선 공부하는 사람에게 화두만 있으면 일체 근심 걱정이 없다는 의미로서 쓰인 것이다.

105) 중국에서 毛病은 사소하지만 일반적으로 고치기 어려운 고질병이나 나쁜 버릇, 또는 결점이나 약점의 뜻으로 쓰인다. 禪和子의 공부란 오로지 화두를 들어 철저하게 타파하여 주관과 객관이 사라진 텅 빈 空寂靈知의 자리를 찾는 일이다. 그런데 화두를 타파해 가는 과정에서 이 과정을 마치지 못하고 어떤 경계에 만족하거나 집착하여 공부를 망치게 되는 일이 많다. 집착하지 않으면 공부가 되는 사소한 일인데도, 고질적으로 이에 대한 집착을 버리지 못하기에 공부를 망치는 것이다. 특히 해인사 性徹 큰스님은『禪門正路』에서 보살의 十地 경계에 들어가 공부를 마쳤다고 생각하는 것은 큰 마구니 경계라 하여 극렬하게 꺼렸는데, 이 경계도 범부로서는 조금도 헤아리기 어려운 不思議한 경계이다. 공부하는 과정에서 좋은 일이든 나쁜 일이든 어떤 경계에 집착하는 고질적인 나쁜 버릇은 버려야 할 것이다.

良久에 云하되 各請歸堂하여 點檢看하라.

(한참 있다 말씀하시기를)

부디 각자 자기의 자리에 돌아가 점검하여 보라.

화두만 잘 챙긴다면 일체 드러나는 병을 다 없앨 수 있다. 그러나 선객이 지닌 한 가지 고질병은 고치기 어렵다. 이 병은 어떤 경계가 나타나면 거기에 집착하여 '안다'는 병이다. 평소에 이 뜻의 개념을 알고 있기에 사소한 병 같지만, 경계가 나타나면 좀처럼 버리기 어려운 병이다. 언제나 저마다의 공부 자리에서 주의 깊게 점검해야 할 것이다.

16. 참선은 세 가지 요점을 갖추어야 示衆

若謂着實叅禪이면 決須具足三要니라. 第一要는 有大信根이니 明知 此事 如靠一座須彌山이니라. 第二要는 有大憤志니 如遇殺父寃讎하여 直欲便與一刀兩段이니라. 第三要는 有大疑情이니 如暗地에 做了一件極事이어 正在欲露未露之時니라. 十二時中에 果能具此三要라면 管取克日功成이어 不怕瓮中走鼈이라. 苟闕其一이면 譬如折足之鼎이 終成廢器니라. 然雖如是라도 落在西峰坑子裡니 也不得不救로다. 咄.

만약 착실한 참선을 말한다면 결단코 세 가지 요점을 갖추어야 한다. 첫 번째 요점은 큰 신심이 있어야 하니, 신심이 수미산을 의지하는 것과 같다는 사실을 분명히 알아야 한다. 두 번째 요점은 큰 분심이 있어야 하니, 이 분심은 부모를 죽인 원수를 만나 바로 두 동강내려는 마음과 같아야 한다. 세 번째 요점은 큰 의심이 있어야 하니, 이 의심은 아무도 모르는 곳에서 큰 일을 저질러 은폐되었던 일들이 막 폭로되려고 할 때와 같은 것이다.

일상의 공부 가운데 과연 이 세 가지 요점만 갖출 수 있다면 반드시 정해진 날짜 안에 공(功)을 이루어서 독 안의 자라가 달아날까 두려워하지를 않으나, 진실로 그 가운데 하나라도 빠진다면 마치 다리 부러진 삼발이 솥이 끝내 폐기되는 것과 같을 것이다.

이와 같다 하더라도 서봉(西峰)의 함정에 떨어져 있으니, 이에 건져 주지 않을 수 없구나. 돌(咄)!

(拈主丈하여 云하되) 者一着子를 從上佛祖 求之하여 雖歷千魔萬難 萬死千生이라도 如水東流하여 不到滄溟이면 決定不止이듯 以此推之컨대 大不容易로다. 若要點鐵成金하여 與千聖同域이면 豈淺識小見者의 所能擬議리요. 直須具擧鼎拔山力 包天括地量 斬釘截鐵機 打鳳羅龍手이니 果有如是操略이면 拄杖으로 助以發機하리라.

(주장자를 들고 말씀하시기를)

이 하나의 도리를 예로부터 부처님과 조사 스님들이 구하려 많은 생에 걸쳐 온갖 어려움을 겪으면서도, 마치 물이 동으로 흘러 바다에 이르지 않고서는 그 흐름을 멈추지 않듯 결정코 이 공부를 멈추지 않았다. 이것으로 미루어 보면 참으로 이 공부는 쉬운 일이 아니다.

만약 한 방울의 묘약을 떨구어 쇠를 금으로 만들어 내듯 모든 성인들과 같은 경계가 되고자 하면, 이 영역이 어찌 얕은 지식과 좁은 소견을 가진 이들이 헤아릴 수 있겠는가.

이는 모름지기 거대한 솥이나 높은 산을 번쩍 드는 힘, 천지를 싸안는 아량, 못이나 쇠막대기를 끊거나 부러트릴 수 있는 기틀, 봉황과 천룡을 잡아내는 솜씨 등을 갖춘 이라야만 하니, 과연 이런 지조와 지략을 가졌다면 주장자로 도와서 참 기틀을 드러내게 할 것이다.

(卓一下하고 云하되) 有意氣時 添意氣하니 (又卓一下하여 云하되) 不風流處에 也風流로다. 若是跛鼈盲龜라면 止跳得一跳兩跳하고 伎倆이 已盡하리니 西峰門下에 摠用不着이로다. (度拄杖하려 喚侍者하여 云하되) 送在師子巖頭하니 一任東湧西沒하니라.

(주장자를 한 번 치고 말씀하시기를)

의기(意氣)가 있을 때에 의기를 더해 주니

(또 한 번 치고 말씀하시기를)

풍류(風流)가 없는 곳에 풍류가 있도다.

만약 절름발이 자라와 눈먼 거북이라면 한 두어 번 겨우 뜀에 재주가 다할 것이니, 서봉(西峰)의 문하에서는 조금도 쓸모가 없구나.[106]

(주장자를 건네 주려 시자를 부르면서 말씀하시기를)

사자암(師子巖)에 주장자를 보낼 터이니, 동쪽이든 서쪽이든 일체를 맡기겠노라.

---

106) 절름발이 자라와 눈먼 거북이의 경계라도 일단 드러내면 本分事와는 멀어지는 것이다. 西峰의 門下는 本分事를 가리킨다.

若論此事 眞正用工이면 決定不在行住坐臥處이며 決定不在着衣喫飯處이며 決定不在屙屎放尿處이며 決定不在語默動靜處이니 旣然如是라면 畢竟在甚麼處오. 聻. 若向者裏하여 知得落處라면 便見未出母胎에 已自行脚了也며 已自來見高峰了也며 已自心空及第了也며 已自接物利生了也니라.

만약 이 일의 진정한 공부를 말하자면 결정코 행주좌와(行住坐臥) 하는 곳에 있지 않으며, 옷 입고 밥 먹는 곳에 있지 않으며, 똥오줌 누는 곳에 있지 않으며, 어묵동정(語默動靜)하는 곳에 있지 않으니, 이미 이와 같다면 마침내 어느 곳에 있겠는가.

자! 만일 여기를 향하여 낙처(落處)를 알 수 있다면 아직 어머니 태에서 나오기 전 벌써 행각을 다해 마쳤으며, 이미 와서 고봉을 만나 버렸으며, 이미 마음이 공(空)이어서 급제해 마쳤으며, 이미 중생들을 접하여 이롭게 하였음을 볼 것이다.

設使無明垢重하여 不覺不知라도 未免先以定으로 動하고 後以智로 拔이니 (良久에 喝一喝하고 云하되) 一隊無孔鐵搥로다.

설사 번뇌가 많아 이를 깨달아 알지 못했더라도 먼저 정(定)으로써 움직이고 뒤에 지혜로써 뽑아 주지 않을 수 없으니,

(한참 있다 한 번 '할'을 하고 말씀하시기를)

한 떼의 구멍 없는 무쇠 방망이로다.

공부하는 데 갖추어야 할 큰 신심, 큰 분심, 큰 의심에 대한 마음가짐을 이야기하고 있다. 화두 참구는 이 마음들을 지니고 끊임없이 공부해야 성취될 공부로서 이 공부는 쉬운 일이 아니다. 그러나 진정한 공부의 낙처(落處)를 안다면 이 공부는 이미 마쳐 버린 것이다. 이 낙처(落處)는 어디에 있는가.

17. 처음부터 본분종사를 만나야 示理通上人

大抵學人이 打頭 不遇本分作家하여 十年二十年을 者邊那邊에 或叅或學하며 或傳或記하되 殘羹餿飯 惡知惡覺을 尖尖滿滿 築一肚皮하니 正如箇臭糟瓶相似니라. 若要箇有鼻孔底 聞着이면 未免惡心嘔吐리라. 到者裏에 設要知非悔過하여 別立生涯라도 直須盡底傾出하여 三回四回洗하고 七番八番泡去하여 教乾乾淨淨 無一點氣息하여야 般若靈丹을 方堪趣向이니라.

대저 도 배우는 사람들이 처음부터 본분종사(本分宗師)를 만나지 못하여 열 해 스무 해를 이리저리 헤매면서, 혹은 참구(參究)하기도 하고 배우기도 하며, 혹은 법을 전하기도 하고 기억하기도 한다. 그리하여 먹다 남은 국이나 쉰밥 같은 나쁜 지견(知見)들만 마음 속에 배부르게 채워 두니, 마치 그 모습이 냄새나는 찌꺼기를 담은 병과 같다. 콧구멍 있는 이가 그 냄새를 맡을라치면 속이 메스꺼워서 구역질을 면치 못하는 것이다.

이 자리에서 설사 그 잘못을 알아 뉘우쳐서 다른 생애를 살고자 한다면, 모름지기 냄새나는 모든 것을 남김없이 쏟아 서너 번을 씻어 내고 일고여덟 번을 빡빡 문질러 깨끗하게 바짝 말려서 한 점의 냄새도 없게 해야만, 반야(般若)의 영단(靈丹)을 비로소 담을 수 있는 것이다.

若是忽忽草草하여 打屛不乾이면 縱盛上品醍醐라도 亦未免變作一瓶惡水리니 且道하라. 利害가 在甚麽處오. 咄. 毒氣가 深入이로다.

그러나 만약 바쁘게 서둘러서 씻은 것이 마르지도 않았다면 설사 최상품의 우유 죽을 가득 담아 놓는다 하더라도, 이 또한 우유 죽이 한 병의 더러운 물로 변하게 되는 것을 면치 못하니, 한번 일러 보아라.

이득과 손실이 어디에 있는가를…

아! 독기가 깊이 스며들었구나.

◎ 이 공부는 처음부터 본분종사를 만나 옳은 지견을 가져야 한다. 공부를 시작하는 자리에서 잘못된 지견을 갖게 되면, 악취를 풍길 뿐만 아니라 실속이 없다. 잘못된 지견이 있다면 즉시 말끔하게 버려야 할 것이다.

18. 나와 남의 분별에서 오는 생사 示衆

良醫治病에 先究其根하니 纔得其根이면 無病不治리라. 禪和子 成十年 二十年토록 篤信守一하나 不明生死者는 盖爲不究其根이라. 須知이니 人我는 卽生死之根이요 生死는 卽人我之葉이라. 要去其葉이면 必先除根이니 根旣除已면 其葉이 何存이리요. 然雖如是나 爭知 此根이 從曠大劫來로 栽培深固리요. 若非擧鼎拔山之力이면 卒難勦除라 未免借拄杖子威光하여 特爲諸人出熱去也니라.

훌륭한 의사가 병을 치료할 적에는 먼저 병의 근원을 찾으니, 병의 근원을 알면 어떠한 병도 치료하지 못할 게 없다. 선화자(禪和子)들이 열 해 스무 해가 되도록 도타운 믿음으로 하나의 원칙을 지켜가나 생사의 도리를 밝혀 내지 못하는 까닭은, 대개 그 근원을 알고 있지 못하기 때문이다.

그러므로 모름지기 나와 남의 분별이 곧 생사의 근본이요, 생사는 곧 나와 남의 분별에서 오는 지엽적인 문제임을 알아야 한다. 나무의 잎을 없애려면 반드시 먼저 그 뿌리를 제거해야 하니, 뿌리가 없어지면 그 잎이 어떻게 존재할 수 있겠는가.

도리가 이와 같다 하더라도, 오랜 세월 이 뿌리가 견고하게 자리 잡았음을 어찌 알았겠느냐. 거대한 솥과 높은 산을 번쩍 들 만한 힘이 아니라면 끝내 없애기 어려운 법이다. 이에 주장자의 빛나는 위엄을 빌려 특별히 여러분들을 위하여 힘을 내지 않을 수 없구나.

(卓拄杖一下하고 喝一喝하며 云하되) 勞而無功이로다. 若論此事의 的的用工이면 正如獄中當死罪人이 忽遇獄子의 醉酒睡着하여 敲枷打鎖하고 連夜奔逃하되 於路에 雖多毒龍猛虎라도 一往直前이어 了無所畏이니 何故오. 只爲一箇切字니라. 用工之際에도 果能有此切心이면 管取百發百中하리니 卽今에 莫有中底麽아.

(주장자를 한 번 내려치며 '할'을 한 번 하고 말씀하시기를)

수고롭기만 하고 공은 없구나!

만약 이 일에 있어 확실하게 공부하는 법을 말하자면, 마치 감옥 속의 사형수가 우연히 간수가 술에 취해 자고 있는 틈을 만나 형틀을 부수고 밤새도록 달아날 때에, 도망가는 길에 독룡(毒龍)과 맹호(猛虎)가 많더라도 조금도 두려움 없이 한번에 앞으로 곧장 나아가는 것과 같으니, 무엇 때문인가.

도망가려는 오직 하나의 간절한 마음만 있기 때문이다.

공부할 때에도 과연 이와 같은 간절한 마음만 있다면 반드시 백발백중 목적을 이루리니, 지금 이 자리에 공부를 마친 이는 없느냐.

(以拂子로 擊禪床一下하며 云하되) 毫釐有差에 天地懸隔이니라. (拈拄杖하고 云하되) 到者裏하여 人法俱忘하고 心識路絶이니 擧步則大海騰波하고 彈指則須彌岌峇하며 泥團土塊가 放大光明하고 瓠子冬瓜가 熾然常說하리라. 然雖如是라도 若到西峰門下라면 未免臂長袖短이어 露出一橛이니 直須廓頂門正眼하여 覷破空劫已前自己 與今幻化色身이 無二無別이니라.

(拂子로 禪床을 한 번 내려치며 말씀하시기를)

털끝만치 어긋나도 하늘과 땅만큼 달라지느니라.

(주장자를 들고 말씀하시기를)

이 자리에 와서는 나와 경계가 다 사라지고 심식(心識)의 길이 끊어졌으니, 발을 들면 큰 바다의 파도가 넘실거리고 손가락을 튕기면 수미산이 솟아나며, 흙덩이 진흙뭉치가 대광명(大光明)을 놓고 표주박과 동과(冬瓜)가 다투어 치열하게 늘 법을 설할 것이다.

도리가 이와 같다 하더라도 서봉(西峰)의 문하에 온다면 팔은 길고 소매가 짧아 팔뚝이 드러남을 면치 못할 것이니, 바로 정문(頂門)의 정안(正眼)을 활짝 열어 공겁(空劫) 이전의 자기와[107] 지금의 허깨비와 같은 색신(色身)이 다름이 없다는 사실을 알아야 한다.

---

107) 공겁(空劫) 이전의 자기는 중생계가 시작되기 이전의 불국토인 본래 청정한 자기 모습을 말한다.

且道하라. 如何是空劫已前自己오. 聻. (卓拄杖하여 一下하고 云하되) 金剛이 喫鐵棒하니 泥牛眼出血이로다.

한번 일러 보아라. 어떤 것이 공겁(空劫) 이전의 자기인가. 자…

(주장자를 들어 한 번 내려치고 말씀하시기를)

금강이 쇠몽둥이를 맞으니, 진흙 소의 눈에서 핏물이 난다.

공부를 하면서도 깨달음을 성취하지 못하는 병의 근원은 나와 남을 분별하는 데에 있다. 알고 보면 생사도 분별하는 마음에서 오는 자질구레한 일이다. 이 시비하고 분별하는 마음을 제거하기 위해서는 화두를 타파하려는 간절한 마음이 있어야 한다. 자기가 부처와 조금도 다름없다는 사실을 알아, 중생이 되기 전의 자기 모습을 보아야 한다.

19. 석가와 미륵의 시봉을 받더라도 解制示衆

若論此事이면 無尊無卑 無老無少 無男無女 無利無鈍이라. 故로 我世尊이 於正覺山前 臘月八夜에 見明星悟道하고 乃言에 奇哉라 衆生이 具有如來智慧德相이라 하며 又云에 心佛及衆生이 是三無差別이라 하며 又云하되 是法이 平等하여 無有高下니라. 既無差別이어 亦無高下이면 從上佛祖 古今知識 乃至天下老和尙이 有契有證이며 有遲有速이며 有難有易는 畢竟如何오.

만약 이 일을 말하자면 신분의 차이, 남녀노소(男女老少)의 구별, 영리하다거나 둔하다는 분별이 없다.

그러므로 우리 세존(世尊)이 정각산(正覺山) 앞에서 섣달 여드레 밤 밝은 샛별을 보고 도를 깨쳐 말씀하시기를, "참으로 기이하다. 중생들이 모두 여래의 지혜와 덕상(德相)을 갖추고 있구나"라고[108] 하셨으며, 또 "마음과 부처와 중생, 이 셋이 다름이 없다"라고[109] 하셨으며, 또 "이 법은 평등하여 높고 낮음이 없다"라고[110] 하셨다.

이미 차별이 없이 높고 낮음도 없다면 불조(佛祖)와 고금(古今)의 선지식들 나아가 천하 큰스님들이 공부하는 과정에서, 도에 계합(契合)하는 이도 있고 증득하는 이도 있으며, 성취가 더딘 이도 있고 빠른 이도 있으며, 과정이 어려운 이도 있고 쉬운 이도 있게 되는 것은 마침내 무엇 때문인가.

---

108) 『華嚴經』 제37권 如來出現品에 있는 말이다.
109) 『화엄경』 제20권 夜摩天宮偈讚品에 있는 말이다.
110) 미주 (23) 참조 바람.

譬如諸人이 在此라도 各各有箇家業이라. 驀然 一日에 回光返照하여 思憶還源하되 或有經年而到者하며 或有經月而到者하며 或有經日而到者하며 或有頃刻而到者하며 又有至死而不到者하니라. 盖離家有遠近之殊故로 到有遲速難易之別이라. 然雖如是라도 中間에 有箇漢子는 無家業可歸이어 無禪道可學이며 無生死可脫이어 無涅槃可證인데 終日 騰騰任運 任運騰騰이니라.

이를 비유하면 모든 사람이 현재 여기에 있더라도 저마다의 다른 가업(家業)이 있는 것과 같다. 갑자기 어느 날 정신을 차려 자기의 뿌리인 고향에 돌아갈 생각을 하되, 혹 어떤 이는 한 해만에 도착하고, 혹 어떤 이는 한 달만에 도착하며, 혹 어떤 이는 하루만에 도착하고, 혹 어떤 이는 순식간에 도착하며, 또 어떤 이는 죽을 때까지 도착하지 못하는 경우도 있다. 이는 대개 집을 떠나 있는 곳이 멀고 가까운 차이가 있었기에 집에 가는 것이 빠르기도 하고 더디기도 하며, 어렵기도 하고 쉽기도 한 것이다.

이와 같은 도리라도 그 속의 어떤 사람은 돌아갈 가업이 없어서 배워야 할 선(禪)도 없고, 벗어나야 할 생사가 없어서 증득해야 할 열반도 없이, 하루종일 등등임운(騰騰任運)하고 임운등등(任運騰騰)하다.[111]

---

111) 騰騰任運에서 騰騰은 펄쩍펄쩍 살아 움직이는 모습이고 任運은 이 살아 움직이는 모습을 無心하게 인연의 흐름에 맡겨 버리는 것이다. 비유를 들자면 공이 물의 움직임을 따라서 흘러갈 때, 물의 흘러가는 움직임을 따라 넘실넘실 움직이는 공의 모습을 騰騰이라 볼 수 있고, 물이 끊임없이 흘러가는 것은 運이며, 공이 아무 생각 없이 그 움직임에 맡겨져 실려 가는 것을 任이라고 볼 수 있다. 任運騰騰도 이런 이치에서 그 내용을 알 수 있다.

若也點檢得出이면 釋迦彌勒이 與你提甁挈鉢이라도 亦不爲分外니라. 苟或不然이면 (以拂子擊禪床兩下하고 喝兩喝하며 云하되) 若到諸方이어든 切忌錯擧어다.

만약 이 자리를 점검해 낼 수 있다면 석가와 미륵이 그대들을 시봉(侍奉)하더라도 이 또한 분수에 넘치는 일이 아니다.

진실로 혹 그러하지 못하다면…

(拂子로 禪床을 두 번 내려치고 '할'을 두 번 하며 말씀하시기를)

만약 다른 공부처에 가거든, 절대로 허튼 소리하지 말지어다.

모든 현상에 차별이 없건만 중생의 근기에 따라 보는 견해가 달라진다. 일체 차별을 벗어나 걸림이 없는 분이라면 석가와 미륵의 시봉을 받더라도 분에 넘치는 일은 아니다. 이런 정도가 되지 못한다면 화두만 챙기되 허튼 소리는 하지 말아야 한다.

20. 관우가 안량의 목을 베듯 이 공부는 示衆

若論此一段奇特之事라면 人人이 本具이어 箇箇圓成하여 如握拳展掌하듯 渾不犯絲毫之力이라. 祇爲心猿이 擾擾하고 意馬가 喧喧하여 恣縱三毒無明이어 妄執人我等相이 如水澆氷에 愈加濃厚하듯 障却自己靈光하여 決定無由得現이니라. 若是生鐵鑄就底漢子 的實要明이라면 亦非造次이니 直須發大志 立大願하고 殺却心猿意馬하며 斷除妄想塵勞하라.

만약 이 한 가지 기특한 일을 말하자면 사람마다 본래 갖추고 원만성취(圓滿成就)해서, 마치 손바닥을 쥐락펴락하듯 이 공부는 조그마한 힘도 전혀 들지 않는 것이다. 다만 원숭이 같은 마음이 어지럽고 야생마 같은 의식(意識)이 소란하여 탐진치(貪瞋癡) 무명(無明)이 제멋대로이기에 아상(我相)과 인상(人相) 등을 허망하게 집착하는 것이, 얼음 위에 물을 뿌리면 얼음만 더 두꺼워지듯이 자기의 신령스런 광명을 장애하여 결코 드러날 수 없게 만드는 것이다.

만일 생철로 만든 냉정한 사람으로서 확실하게 이 일을 밝히자면 또한 엄벙덤벙될 것이 아니니, 바로 큰 뜻과 원력으로 원숭이 같은 마음과 야생마와 같은 의식을 죽여 번뇌망상을 끊어야 한다.

如在急水灘頭泊舟相似하듯 不顧危亡得失 人我是非하라. 忘寢忘餐 絶思絶慮하여 晝三夜三에 心心相次 念念相續하라. 箚定脚頭이어 咬定牙關하고 牢牢把定繩頭하며 更不容絲毫走作하라. 假使有人이 取你頭하여 除你手足하고 剜你心肝하여 乃至命終이라도 誠不可捨이니 到者裡해야 方有少分做工夫氣味니라. 嗟乎라. 末法에 去聖時遙하니 多有一等泛泛之流가 竟不信有悟門이라.

이는 거센 여울에 배를 대는 것과 같아, 위태로움의 득실(得失)이나 서로의 시비를 돌아보지 않아야 한다. 침식(寢食)과 사려(思慮)를 끊을 정도로 몰입하여 밤낮으로 이 마음이 생각생각에 이어져야 한다. 조금도 흔들림이 없이 이를 악물고 굳건하게 화두를 챙겨, 여기에 다시 털끝만치도 다른 생각을 받아들이지 않아야 한다.

설사 어떤 사람이 그대를 붙잡아 손발을 자르고 염통을 도려내어 목숨이 끊어지더라도 진실로 화두를 버려서는 안 되니, 이 자리에 이르러서야 비로소 공부할 기미가 조금 있는 것이다.

아! 슬프다. 말법(末法)에는 성현(聖賢)의 시대가 멀어지니, 다분히 잘난 체하는 무리들이 끝내 깨달음의 문이 있다는 사실을 믿지 않는다.

但只向者邊穿鑿 那邊計較하니 直饒計較得成 穿鑿得就라도 眼光落地時 還用得着也無아. 若用得着이면 世尊의 雪山六年 達磨의 少林九載 長慶의 坐破七箇蒲團 香林의 四十年 方成一片 趙州의 三十年 不雜用心으로 何須討許多生受喫이리요. 更有一等漢子 成十年二十年 用工하되 不曾有箇入處者는 只爲他宿無靈骨이라.

단지 이쪽저쪽에서 계교(計較) 천착(穿鑿)을 부릴 따름이니, 설사 그 목적한 바를 이루더라도 눈빛이 땅에 떨어질 때 무슨 소용이 있겠느냐.

소용이 있었다면 세존(世尊)의 설산(雪山) 육 년 고행, 달마의 소림사 아홉 해 면벽(面壁), 장경(長慶)의[112] 방석이 일곱 개나 터지도록 한 좌선, 향림(香林)의[113] 마흔 해 노력해서야 비로소 성취한 공부, 조주(趙州)의 서른 해 순수한 마음 쓰는 것들로 어찌 숱한 고생을 찾아서 했겠느냐.

또 잘난 체하는 무리들이 열 해 스무 해를 공부하되 깨달음이 없던 것은, 전생의 선근(善根)이 없었기 때문이다.

---

112) 雪峰義存의 제자로서 諱는 慧陵이고 號는 長慶이며 諡號는 超覺이다. 雪峰에게서 가르침을 받고 다음과 같은 悟道頌을 지었다. 萬像之中獨露身 唯人自肯乃方親 昔時謬向途中覓 今日看如火裡氷. 미주 (24) 참조 바람.

113) 青原 밑의 제6세인 雲門文偃의 제자로서 諱는 澄遠이고 號가 香林이다. 생존 연대는 확실하지 않으나 唐末宋初間이라고 추정된다.

志不堅固하여 半信半疑로서 或起或倒 弄來弄去에 世情이 轉轉純熟하고 道念이 漸漸生踈하여 十二時中 難有一箇時辰이라도 把捉得定이어 打成一片이라. 似者般底가 直饒弄到彌勒下生이라도 也有甚麽交涉이리요. 若是眞正本色行脚高士라면 不肯胡亂이어 打頭에 便要尋箇作家라. 纔聞擧着一言半句하자 更不擬議이어 直下에 便恁麽信得及하여 作得主 把得定하여 孤迥迥 峭巍巍 淨裸裸 赤灑灑하니 更不問危亡得失이라.

의지가 약하여 반신반의(半信半疑)하면서 이럭저럭 세월을 보내니, 점차 세정(世情)이 깊어지고 점점 도를 생각하는 마음이 생소해져, 스물네 시간 중 한 시간도 선정으로 한 생각 모으기가 어려웠던 것이다. 이와 같은 놈들이 설사 미륵이 올 때까지 제멋대로 공부하더라도, 마음의 근본자리와 무슨 교섭할 일이 있겠느냐.

만일 진정한 본분(本分)의 행각승(行脚僧)이라면 어수선하지를 않아 처음부터 선지식을 찾는다. 짧게 던지는 한 마디 법이라도 이를 듣자마자 망설임 없이 바로 믿어, 스스로 선정에 들어가 그 모습이 품위 있고 늠름하며 맑고 순수하니, 다시 위태로움의 득실(得失)을 묻지 않는다.

只恁麽捱將去하여 驀然 繩斷喫攧 絶後再甦하면 看他本地風光하리니 何處에 更覓佛矣리요. 又有一偈이어 擧似大衆하노라. 急水灘頭泊小舟에 切須牢把者繩頭어다 驀然繩斷難迴避에 直得通身血迸流리라 萬法歸一인데 一何歸오 只貴惺惺着意疑니 疑到情忘心絶處하면 金烏夜半徹天飛리라.

다만 이렇게 정진하다 별안간 화두가 끊어지고 곤두박질을 쳐서 죽은 뒤에 다시 살아나면 저 본지풍광(本地風光)을 보게 될 것이니, 어느 곳에서 다시 부처를 찾겠느냐.

또 한 게송이 있어 대중들에게 보이고자 하노라.

물살 거센 여울목에 멈추려 하면
배의 밧줄 단단히 잡아 챙겨라
별안간 줄 끊어져 도망 못 갈 때
온 몸에 피가 터져 솟아 나오리.

온갖 법이 하나로 돌아가는데
이 하나는 어디로 돌아가는가
성성한 의심만이 다만 귀할 뿐
마음이 끊어진 곳 이르러 보면
한밤중에 태양이 빛을 발하리.

若窮此事의 用工極際이면 正如空裡栽花 水中撈月하듯 直是無你下手處 無你用心處라. 往往 纔遇者境界現前하자 十箇有五雙이 打退鼓하니 殊不知正是到家底消息이로다. 若是孟八郎漢이라면 便就下手不得處 用心不及時하여 猶如關羽가 百萬軍中에 不顧得喪하고 直取顏良이니라. 誠有如是操略 如是猛利라면 管取彈指收功 刹那成聖이라.

만약 이 일의 지극히 공부해 나갈 때를 알면, 마치 허공의 꽃을 가꾸고 물 속의 달을 건지는 것과 같아, 바로 그대들이 손 댈 곳이나 마음 쓸 데가 없다. 흔히 이 경계가 나타나자마자 열이면 열이 다 물러가니, 이것이 집에 도달한 소식임을 조금도 알지 못한다.

만약 용맹한 사람이[114] 손을 대거나 마음 쓸 데가 없는 곳에서, 오히려 관우(關羽)가 백만 적군 속에서 죽음을 마다 않고 곧장 안량(顏良)의 목을 베는 것과 같이,[115] 참으로 이와 같은 지조와 지략과 용맹이 있다면 반드시 손가락 튕기는 사이에 공(功)을 거두고 찰나에 성인이 된다.

---

114) 馬祖의 제자 廉山歸宗 선사는 俗姓이 孟氏이고 여덟 번째 아들이기 때문에 孟八郎이라고 불렸는데, 뒷날 여기에 비교하여 훌륭한 사람을 孟八郎이라고 하였다.

115) 『삼국지』에서 漢나라 關羽가 曹操에게 잡혀 있으면서 대접을 후하게 받았을 때, 장차 공을 세워 그 은혜를 갚고 돌아가리라고 생각하였다. 때마침 원소의 휘하에 있던 안량이란 장군이 조조를 치려 하거늘, 관우가 혼자서 말을 달려 안량의 목을 베어 조조에게 바치고 한나라로 돌아갔다는 이야기이다.

若不然者이면 饒你叅到彌勒下生이라도 也只是箇張上座리라. 臘月三十日이 時節看看至하니 露柱與燈籠은 休更打瞌睡하라 覿面當機提하고 當機覿面覷에 驀然觸瞎眼睛하면 照顧爛泥裡有刺하리라.

만약 그러하지 못하다면 설령 그대들이 미륵이 내려올 때까지 참구하더라도, 여전히 깨달음은 얻지 못할 것이다.[116]

목숨이 끊어지는 섣달 그믐날
순식간에 그 시절 이르게 되니
모르는 자 더불어 아는 자들아
다시는 졸아가며 살지를 말라.

마주보고 기틀 알아 상대를 하고
근기 맞춰 마주보며 진실을 알아
홀연히 눈동자가 멀어진다면
진흙 속의 가시를 비추어 보리.

---

116) 張上座의 의미는 법을 깨닫지 못하여서 윗자리를 양보하여 늘 남에게 내놓는 사람을 말한다고 하는데, 고봉 스님의 문하에 그런 사람이 있었다고 한다.

♡ 이 공부는 개개인에게 완성되어 있어 알면 쉬우나, 무명(無明) 때문에 알지를 못하니 어려운 일이다. 그러므로 큰 뜻과 커다란 원력으로 끊임없이 화두를 챙겨야 한다. 진정한 행각승이라면 처음부터 선지식의 한마디 가르침에 신심을 내어, 관우가 백만 대군의 적군 속에서 단칼에 안량의 목을 베는 것과 같이, 단숨에 공부해 나갈 것이다.

21. 생사 일대사를 깨치기 위해서는 除夜小參

生死事大이고 無常은 迅速이라. 生不知來處를 謂之生大라 하고 死不知去處를 謂之死大라 하니 只者生死一大事가 乃是叅禪學道之喉襟이며 成佛作祖之管轄이라. 三世如來와 恒沙諸佛이 千變萬化하여 出現世間도 盖爲此生死一大事之本源이며 西天四七과 唐土二三과 以至天下老和尙이 出沒卷舒하며 逆行順化도 亦爲此一大事之本源이며

나고 죽음의 일이 크고 덧없는 세월의 흐름은 빠르다. 태어나되 어디에서 오는지를 알지 못함을 삶의 큰일이라 하고, 죽되 어디로 가는지를 알지 못함을 죽음의 큰일이라 한다.

다만 이 나고 죽음의 일대사(一大事)가 참선하며 도를 배우는 이들의 목구멍이며, 부처님이나 조사가 되는 수행처이다.

삼세(三世)의 여래와 강가의 모래알처럼 많은 부처님들이 온갖 변화로써 세간에 나타나신 것도 원래 이 생사일대사(生死一大事) 본원(本源)을 위한 것이며,

서역의 이십팔조(二十八祖)와 중국의 육대(六代) 조사 및 천하의 큰스님들이 출몰하며 자유롭게 역행(逆行)·순행(順行)으로 중생을 교화하신 것도 이 일대사 본원을 위한 것이며,

諸方禪衲이 不憚勞苦하고 三十年 二十年을 撥草瞻風하려 磨裩擦袴도 亦爲此一大事之本源이며 汝等諸人이 發心出家하고 發心行脚하며 發心來見高峰하여 晝三夜三 眉毛厮結도 亦爲此一大事之本源이며 四生六道에서 千劫萬劫 改頭換面하며 受苦受辛도 亦是迷此一大事之本源이며 吾佛世尊이 捨金輪王位하고 雪山에 六年苦行하며 夜半에 見明星悟道도 亦是悟者一大事之本源이며

제방의 선객들이 수고로움을 꺼리지 않고 스무 해 서른 해 번뇌를 떨치고 도를 보고자 죽도록 공부하는 것도 이 일대사 본원을 위한 것이며,

여러분 모두 발심(發心)하여 출가하고 행각하며 고봉을 만나 밤낮으로 애써 공부하는 것도 이 일대사 본원을 위한 것이며,

사생육도(四生六道)에서 중생들이 천겁만겁(千劫萬劫) 머리를 바꾸고 얼굴을 바꿔 가며 쓰라린 괴로움을 받는 것 또한 이 일대사 본원을 미혹했기 때문이며,

우리 세존께서 전륜성왕의 자리를 버리고 설산(雪山)에서 여섯 해 고행(苦行)하며 한밤중에 샛별을 보고 도를 깨치신 것도 이 일대사 본원을 깨달았기 때문이며,

達磨大師 入此土來하여 少林 面壁九載에 神光이 斷臂하며 於覓心 不可得處에 打失鼻孔도 亦是悟者一大事之本源이며 臨濟 遭黃蘗의 六十痛棒하고 向大愚肋下하여 還拳도 亦是悟者一大事之本源이며

달마 스님이 중국에 오시어 소림굴에서 아홉 해 면벽(面壁)하실 때, 신광(神光)이[117] 팔을 끊어 가면서 마음을 찾음에 마음을 찾을 수 없는 자리에서 콧구멍을 잃어버린 것도 역시 이 일대사 본원을 깨달은 것이며,

임제(臨濟)[118] 스님이 황벽(黃蘗)[119] 스님의 몽둥이 예순 방을 맞고서 대우(大愚)[120] 스님의 옆구리를 향하여 주먹을 내지른 것도 또한 이 일대사 본원을 깨달았던 것이며,

---

117) 달마의 傳法 제자로서 제2조인 慧可 스님을 말한다. 법을 구할 결심을 보이기 위하여 팔을 끊었다는 慧可斷臂의 유명한 이야기가 전설처럼 내려온다. 미주 (25) 참조 바람.

118) 黃蘗希運의 제자로서 이름은 義玄이고 號는 臨濟이며 諡號는 慧照이다. 唐 懿宗咸通 7年(866) 4월 10일 다음과 같은 臨終偈를 남겼다. 沿流不止問如何 眞炤無邊說似他 離相離名人不稟 吹毛用了急須磨.

119) 南岳 밑의 제3세인 百丈懷海의 제자로서 諱는 希運이고 號는 黃蘗이며 諡號는 斷際禪師이다. 唐 宣宗大中 4년(850) 8월에 入寂하였다.

120) 馬祖의 제자인 歸宗智常의 제자이다. 미주 (26) 참조 바람.

靈雲桃花 香嚴擊竹 長慶卷簾 玄沙塑指 乃至從上知識의 有契有證이어 利生接物도 摠不出悟者一大事之本源이니라. 多見兄弟家하니 雖曰入此一門이더라도 往往 不知學道之本源이어 不能奮其志하여 因循度日이라가 今來에 未免葛藤일새 引如上佛祖의 入道之因 及悟道之由을 以爲標格하여 晩學初機가 方堪趣向케 하니 且道하라. 如何趣向인고.

영운도화(靈雲桃花)[121], 향엄격죽(香嚴擊竹)[122], 장경권렴(長慶卷簾)[123], 현사축지(玄沙塑指)[124] 나아가 모든 선지식들이 계합(契合)하고 증득(證得)하여 중생을 이롭게 제도하신 것도 모두 이 일대사 본원을 깨달음에 지나지 않는 것이었다.

여러분들을 가만히 지켜보니 선문(禪門)에 들어왔다 하더라도, 이따금 배우는 도의 본원(本源)을 알지 못하여 그 뜻을 분발하지도 못하고, 그럭저럭 세월을 보내다가 지금 어떻게 해야 할지를 모르고 있다.

그러므로 부처님과 조사 스님들의 입도(入道)와 오도(悟道)의 연 유를 가져다 공부의 표본으로 삼아서, 만학(晩學)과 초심자(初心者)들이 바른 공부에 나아갈 수 있도록 하니, 한번 일러 보아라. 어떻게 나아갈 것이냐.

---

121) 靈雲은 潙山靈祐의 제자로서 다음과 같은 悟道頌을 지었다. 三十年來尋劒客 幾回落葉又抽枝 自從一見桃花後 直至如今更不疑. 미주 (27) 참조 바람.

122) 香嚴의 悟道頌은 다음과 같다. 擊竹忘所知 更不假修治 動容揚古路 不墮悄然機 處處無蹤跡 聲色外威儀 諸方達道者 咸言上上機. 미주 (28) 참조 바람.

123) 미주 (29) 참조 바람.

124) 雪峰義存의 제자로서 이름은 師備이고 諱는 未一이며 號는 玄沙이다. 從容錄玄沙則에서 云하되 因蹶傷足指하고 嘆曰 是身非有 痛自何來 是身是苦 畢竟無生 休休 達磨不來東土 二祖不往西天. 미주 (30) 참조 바람.

不見인가. 古人이 道에 若要脫生死라면 須透祖師關이라 하니 畢竟에 將甚麽하여 作關인고. 喚作竹篦라도 則觸이요 不喚作竹篦라도 則背라 하니 不得有語이며 不得無語라. 若向者裡 着得一隻眼하여 覰得破하고 轉得身하여 通得氣하면 無關不透이며 無法不通이라. 頭頭示現 物物全彰하여 無邊刹境에 自他가 不隔於毫端하고 十世古今의 始終이 不離於當念하리라.

그대는 보지 못하였느냐. 고인(古人)이 "생사를 해탈하려면 조사관(祖師關)을 뚫어야 한다"라고 하였으니, 필경 무엇이 조사(祖師)의 관문이 되겠는가.

"죽비라 해도 걸리고 죽비라 하지 않아도 어긋난다"라고[125] 하였으니, 말을 할 수도 없고 말을 안 할 수도 없는 것이다.

만약 이 곳에서 정문정안(頂門正眼)을 얻어 이 관문을 타파하고 몸을 뒤쳐 천하의 기운만 통할 수 있다면, 어떠한 관문도 통과하지 못할 게 없으며, 어떠한 법도 통하지 않을 것이 없다.

그 자리에 모든 것이 드러나 가없는 국토에서 나와 남의 경계가 털끝만치도 틈이 없고, 시간의 모든 흐름 그 처음과 끝이 현재의 한 생각을 벗어나지 않는 것이다.

---

125) 首山省念의 말이다.

所以로 水潦和尙이 見馬大師 禮拜起하며 擬伸問間에 被馬祖의 攔胸一踏에 踏倒起來하며 呵呵大笑하고 云하되 百千法門 無量妙義를 摠向一毫頭上에 識得根源去라. 德山이 見龍潭하여 向吹滅紙燭處에 豁然大悟하고 次日 遂將疏抄하여 於法堂上에 爇하며 云하되 窮諸玄辯이라도 若一毫置於太虛하고 竭世樞機라도 似一滴投於巨壑이니라.

그러므로 수료(水潦) 화상이 마조(馬祖) 대사를 만나 예배하고 일어나 질문하는 틈에, 마조 스님에게 멱살을 잡혀 한 번 걷어차이고 쓰러졌다 일어나며 하하!! 크게 웃고 말하기를, "백천법문(百千法門)의 한량없는 오묘한 이치를 모두 한 털끝 위에서 그 근원을 알았습니다"라고 한 것이다.[126]

덕산(德山)[127] 스님은 용담(龍潭)[128] 선사를 만나 길 밝히는 촛불을 꺼 버리는 곳에서 마음이 툭 트여 대오(大悟)하고, 그 다음날 『금강경』 소초(疏抄)를 법당 앞에서 태우며 말하기를, "모든 현묘(玄妙)한 이치를 다 알았더라도 하나의 털을 허공에 두는 것과 같고, 세상의 중요한 일들을 다해 마쳤더라도 한 방울의 물을 큰 계곡에 던짐과 같다"라고[129] 하였다.

---

126) 미주 (31) 참조 바람.
127) 青原 밑의 제4세인 龍潭崇信의 제자로서 諱는 宣鑑 號는 德山 謚號는 見性禪師이다. 『금강경』을 잘 보아서 그의 성을 가지고 周金剛이라 부르기도 한다.
128) 青原 밑의 제3세인 天皇道悟의 제자로서 諱는 崇信이고 號는 龍潭이다. 唐穆宗長慶 3년(823) 6일에 入寂하였다.
129) 미주 (32) 참조 바람.

到者裡하여 有甚麼禪道可參이며 有甚麼佛法可學이며 有甚麼生死可脫이며 有甚麼涅槃可證이리요. 騰騰任運 任運騰騰하여 臘月三十日이 到來하면 管取得大自在하여 去住自由하리라. 故로 云하되 自從認得曹溪路로 了知生死不相干이니라. 然雖如是라도 (竪拂子하고 云하되) 且道하라. 者箇는 是生耶아 是死耶아.

이 자리에서 무슨 참구할 만한 선도(禪道)가 있으며, 무슨 배울 만한 불법이 있으며, 무슨 벗어나야 할 생사가 있으며, 무슨 증득할 만한 열반이 있겠느냐.

날 듯이 자유롭고 자유로워 날 듯하여 공부 마칠 때가 오면 반드시 대자재(大自在)를 얻어 오고 가며 머무름에 자유로울 것이다.

그러므로 『증도가(證道歌)』에서는 "조계(曹溪)의 길을 앎으로써 나고 죽음의 문제가 서로 상관이 없음을 알았다"라고[130] 말한다.

그러나 비록 이와 같다 하더라도,

(拂子를 세우고 말씀하시기를)

한번 일러 보아라. 이것이 살아 있느냐, 죽어 있느냐.

130) 미주 (33) 참조 바람.

若也道得이면 便可向無佛處에 稱尊이며 無法處에 說法하리라. 其或未然이면 山僧이 不懼羞慚하고 更與諸人 露箇消息하리라. (以拂子로 作釣魚勢하며 云하되) 夜冷에 魚潛인데 空下鈞여 不如收卷하여 過殘年이로다.

만약 말할 수 있다면 곧 부처가 없는 데서 세존이라 칭할 수 있으며, 법이 없는 곳에서 법을 설할 수 있다.

혹 그렇지 못하다면 산승이 부끄러움을 무릅쓰고 다시 여러분에게 이 소식을 드러낼 것이다.

(拂子로 고기 낚는 시늉을 하면서 말씀하시기를)

밤은 찬데 고기 없는 호숫가에서
부질없이 낚싯대를 드리움이여
공연한 일 그만두고 집에 돌아가
남은 여생 보내는 게 더욱 좋으리.

(復擧하되) 北禪의 分歲는 烹露地白牛로서 百味珍羞 悉皆具足이나 高峰의 分歲는 雖則百孔千瘡이나 也要將無作有니라. 細切嶺頭雲하고 薄批潭底月하여 尖新堆飣 出格安排로서 要使箇箇로 盈腸塞腹하여 人人이 永絶飢虛케 하리라. 且道하라. 與古人과 是同이냐 是別이냐. 舌頭具眼底는 試道看하라.

(다시 한 말씀하시기를)

북선지현(北禪智賢) 선사가 설을 지낼 적에 커다란 흰 소를 잡아[131] 백미진수(百味珍羞)를 다 갖추었으나, 고봉(高峰)이 설을 지낼 때는 가난하지만 무(無)를 가져다 유(有)로 만들겠다. 산봉우리의 구름을 가늘게 자르고 연못 속의 달을 가볍게 밀쳐, 뾰족하고 수북하게 쌓아 남달리 안배해서, 개개인으로 하여금 배부르게 하여 사람들이 영원히 굶주림을 면하게 하겠다. 한번 일러 보아라.

이 자리는 고인(古人)과 더불어 같으냐, 아니면 다르냐.

혀끝에 눈을 갖춘 이는 말해 보아라.

도 닦는 일체 공부는 생사 일대사(一大事)의 본원(本源)을 깨닫는 것이다. 이 일대사 본원을 깨치기 위해서는 조사관(祖師關)을 뚫어야 한다. 명절이라 모든 사람이 흥겹게 시간을 보내더라도, 화두 참구하는 이는 격외도리(格外道理)의 공부를 잊고 살아서는 안 된다.

---

131) 미주 (34) 참조 바람.

22. 선지식의 가르침에 아무런 의심이 없어야 示衆

若論剋期取證이면 如人이 擔雪塡井이라 不憚寒暑하고 不分晝夜하며 橫也擔 竪也擔 是也擔 非也擔하여 擔來擔去에 縱使經年越歲하여 以至萬劫千生이라도 於其中間에 信得及 踏得穩하여 把得定 作得主라 曾無一念厭離心하며 曾無一念懈怠心하며 曾無一念狐疑心하며 曾無一念求滿心이니라. 果能有恁麼時節로서 果能具恁麼氣槪이면 到者裡하여 管取人法雙忘하고 心識俱泯하여 形如槁木朽株하고 志若嬰兒赤子하니 驀然擔子卒地斷하며 爆地折하리라.

만약 정해 놓은 기한 안에 공부 마치는 법을 말하자면 마치 어떤 사람이 싸락눈을 져다 우물을 메우되, 추위와 더위 및 밤낮을 가리지 않으며 온갖 방법으로 싸락눈을 짊어져 나르면서 설사 천생만겁(千生萬劫)이 걸리더라도, 이렇게 해 가는 속에서 우물이 채워지리라 믿고 편안하게 선정(禪定)의 주인이 되는 것과 같다.

이 과정에서 일찍이 한 생각도 싫어하는 마음이 없으며, 한 생각도 게으른 마음이 없으며, 한 생각도 의심하는 마음이 없으며, 한 생각도 만족하는 마음을 구한 적이 없다.

과연 이런 시절과 기개를 갖출 수 있다면, 이 자리에 이르러 반드시 나와 남의 경계가 동시에 사라지고 마음과 의식이 함께 없어진다. 형상은 마치 말라비틀어진 썩은 나무둥치와 같고 마음 씀은 순수한 어린아이와 같아지니, 별안간 짊어졌던 짐이 졸지에 사라지며 팍! 하고 터져 버리는 것이다.

永嘉 道에 大千沙界 海中漚오 一切聖賢이 如電拂이라 하니 好與三十痛棒이로다. 若謂此事이면 叅也에 叅得하며 悟也에 悟得하며 說也에 說得하며 行也에 行得하며 來也에 來得하며 去也에 去得이라. 然雖如是라도 更須三十年이라야 始得이니 何故오. 兩角四蹄가 都過了라도 尾巴過不得이니라. 若論此事라면 如萬丈深潭에 投一塊石相似하듯 透頂透底에 了無絲毫間隔이라.

영가(永嘉) 스님께서 "대천세계 알고 보면 바다의 거품, 모든 성현 이 자리에 번갯불 같다"라고[132] 말씀하셨으니, 서른 방망이를 때려 주는 것이 좋으리라.

만약 이 일을 말한다면 참구함에 참구하며, 깨달음에 깨달으며, 설함에 설법하며, 행함에 행하며, 옴에 오며, 감에 가느니라. 그러나 비록 이와 같더라도 다시 서른 해를 기다려야 하니, 무엇 때문인가.

두 뿔과 네 발굽이 모두 지나갔으나, 꼬리는 아직 지나가지 않았기 때문이다.[133]

만약 이 일을 말하자면, 마치 만 길의 깊은 못에 하나의 돌덩이를 던져 넣듯, 위에서 밑바닥까지 꿰뚫되 조금도 틈이 없다는 사실을 아는 것과 같다.

---

132) 미주 (35) 참조 바람.
133) 담벼락을 두 뿔과 네 발굽의 그림자가 지나갔으나, 소의 꼬리가 아직 남아 있는 모습이다.

誠能如是用工 如是無間인데도 一七日中에 若無倒斷이면 (某甲은) 永墮阿鼻地獄이리라.

진실로 이와 같이 끊임없이 공부할 수 있는데도 이레 동안에 깨침이 없다면, 거짓말한 죄과로서 나는 영원히 무간지옥(無間地獄)에 떨어지게 될 것이다.

♡ 정해 놓은 기한 안에 공부를 마치려면 선지식의 가르침에 아무런 의심이 없어야 한다. 확실한 믿음을 가지고 편안하게 열심히 화두를 챙기면서 화두일여(話頭一如)의 선정 속에 들어가야 한다. 이렇게 공부하며 조그마한 틈도 주지 않는다면 일주일 안에 공부를 마칠 수 있다. 이 말이 틀렸다면 지금 고봉 스님은 지옥에 있을 것이다.

23. 공부하는 납자의 보금자리는 結制示衆

封却拄杖頭 結却布袋口하고 禁在鐵圍山에 枷上重增杻하여 有中에 拷出無하고 無中에 拷出有하되 痛楚가 百千般이더라도 不離者窠臼니라. 大衆이여 且道하라. 喚甚麽하여 作窠臼오. 直饒明辨得出이더라도 要見 西峰의 那邊更那邊 爲人不爲人一着子라면 且待三十年後이니라.

육환장(六環杖)과 걸망을 한 곳에 놓아두고 철위산(鐵圍山)의 감옥에서 형틀을 더욱 조여, 유(有)에서 무(無)를 찾아내고 무(無)에서 유(有)를 찾아내되 쓰라린 고통이 많이 있더라도, 이 보금자리를 여윈 적이 없었다.

대중들이여! 한번 일러 보아라.

무엇을 가지고 이 보금자리를 만드느냐.

설령 이 자리를 분명히 밝혀 내더라도, 서봉(西峰)의 저쪽 또 저쪽에서 사람을 위하기도 하고 위한 적도 없는 하나의 근본을 보려면 다시 서른 해 뒷날을 기다려야 할 것이다.

공부하는 납자의 보금자리는 화두를 챙기는 데 있다. 화두를 챙기는 공부 자리는 의기(意氣)가 없는 데서 의기를 더해 주고, 풍류(風流)가 없는 곳에 풍류를 있게 한다.

24. 간절한 마음에서 참된 의심이 示衆

(拈拄杖하고 召大衆하여 云하되) 還見麽아. 人人이 眼裏有睛이어 不是瞎漢이니 決定是見이라. (以拄杖卓一下하고 云하되) 還聞麽아. 箇箇 皮下有血이어 不是死漢이니 決定是聞이라. 旣見旣聞이면 是箇甚麽오. (以拄杖으로 ⊖를 그리고) 見聞은 卽且止하고 只如六根未具之前 聲色未彰之際에 未聞之聞 未見之見은 正恁麽時 畢竟以何爲驗고.

(주장자를 들고 대중을 불러서 말씀하시기를)

보았느냐. 사람마다 눈에 눈동자가 있어 장님이 아니니, 반드시 보았을 것이다.

(주장자를 높이 들어 한 번 내려치고 말씀하시기를)

들었느냐. 사람마다 살갗 밑에 피가 흐르고 있어 죽은 놈이 아니니, 반드시 들었을 것이다. 이미 보고 들었다면 이것이 무엇이냐.

(주장자로 ⊖를 그리면서)

보고 들었던 것은 곧 그만두고, 다만 육근(六根)이 갖추어지기 전 소리와 색깔이 세상에 드러나지 않았을 때의, 아직 듣지 못한 들음과 보지 못한 봄은, 바로 이런 때를 당함에 마침내 무엇으로 증험(證驗)하겠느냐.

(以拄杖으로 ①를 그리고) 吾今與汝 保任斯事하니 終不虛也니라. (以拄杖으로 ⓞ를 그리고) 三十年後 切忌妄通消息이니라. (靠拄杖하며 下座하다) 若論此事라면 只要當人이 的有切心이니 纔有切心이면 眞疑便起리라. 眞疑起時 不屬漸次이어 直下에 便能塵勞頓息하고 昏散屛除하여 一念不生이어 前後際斷이니 纔到者般時節이면 管取推門落臼니라.

(주장자로 ①를 그리면서)

내가 지금 너희들에게 이 일을 맡기고자 하니, 끝내 헛되지 않을 것이다.

(주장자로 ⓞ를 그리고서)

서른 해가 지난 뒷날, 간절히 바라건대 잘못 소식을 전하지 말지어다.

(주장자를 의지하며 법좌에서 내려오셨다.)

만약 이 일을 말하자면 다만 공부하는 당사자가 분명하게 간절한 마음이 있어야 하니, 그야말로 간절한 마음이 있다면 참된 의심이 곧 일어날 것이다.

진짜 의심이 생길 때는 공부가 점차(漸次)에 속하지를 않는다. 바로 번뇌를 쉬고 혼침과 산란을 제거할 수 있어 한 생각도 생겨나지를 않으니, 앞뒤의 시제(時際)가 끊어진다. 이런 시절에 도달하면 반드시 깨달음을 얻는 것이다.

若是此念이 不切하여 眞疑不起이면 饒你坐破 蒲團百千萬箇라도 依舊日午打三更하리라. 迷中에 有悟이고 悟復還迷이니 直須迷悟兩忘이어 人法俱遣해야 衲僧의 門下에서 始有語話分이라. 大衆이여 旣是迷悟兩忘이어 人法俱忘이면 共語話者 復是阿誰오. 速道速道하라.

만일 이런 생각이 간절하지 않아서 참된 의심이 일어나지 않는다면, 설령 그대들이 앉아 백천만(百千萬) 개의 방석을 터지게 하더라도 여전히 한낮에 한밤중의 삼경(三更) 종을 칠 것이다.

미혹한 자리에 깨달음이 있고 깨달음 속에 다시 미혹한 자리가 있으니, 바로 미혹과 깨달음 둘 다를 잊어 나와 경계를 함께 버려야 납승(衲僧)의 문하에서 비로소 말할 자격이 있다.

대중들이여, 이미 미혹과 깨달음 둘 다를 잊어 나와 경계가 함께 사라지면, 같이 이야기하고 있는 자 또한 누구이겠느냐.

어서 일러 보아라.

若論此事라면 如登萬仞高山에 一步一步 將擠至頂하되 唯有數步인데도 壁絶攀躋니라. 到者裡에는 須是箇純鋼打就底라야 捨命拌身하고 左睚右睚 睚來睚去를 以上爲期하니 縱經千生萬劫 萬難千魔라도 此心此志는 愈堅愈强이니라. 若是根本不實한 泛泛之流라면 何止望崖리오. 管取聞風而退矣리라.

만일 이 일을 말하자면, 마치 아주 높은 산을 한 걸음 한 걸음씩 올라 정상이 오직 몇 걸음 남아 있을 뿐인데도, 사방이 절벽이어서 손이나 발 디딜 데가 없는 것과 같다.

이 자리에 도달해서는 모름지기 순전히 무쇠로 만들어진 놈이라야만 목숨도 내놓고 좌우를 면밀히 살피며 올라갈 것을 기약하니, 설사 오랜 세월에 수많은 어려움을 겪더라도 이 마음 이 뜻만큼은 더욱 더 강해지는 것이다.

만일 근본이 실(實)답지 못한 범부들의 무리라면 어찌 절벽만 바라보고 멈춰 있는 것에 그치겠느냐. 반드시 바람 소리만 듣고도 그 자리에서 도망갈 것이다.

눈이 있고 귀가 있으면 분명히 보고 듣는다. 그러나 육근(六根)이 갖추어지기 전의 색과 소리는 무엇으로 증명할 것인가. 이 일을 알고 싶다면 간절한 마음에서 참된 의심이 일어나야 한다. 이 참된 의심이 일어날 때 번뇌가 없어져 일체 경계가 사라지니, 은산철벽(銀山鐵壁)이다. 이 자리에 도달해서는 무쇠로 만들어진 놈이라야 깨달음을 얻는다.

25. 알지 못하는 자리가 바로 부처님의 뼛골 除夜小參

一年三百六十日이 看看逗到하여 今宵畢인데 十箇有五雙이 叅禪하나 禪又不知하고 學道하되 道亦不識이라. 只者不知不識四字가 正是三世諸佛의 骨髓이며 一大藏敎의 根源이라. 靈利漢이 纔聞擧着하자 如龍得水하고 似虎靠山하듯 天上人間에 縱橫無礙하리라. 然雖如是라도 點檢將來이면 猶是者邊底消息이라 若謂那邊更那邊一着子라면 直饒西天四七唐土二三 以至天下老古錐라도 敢保未徹在리라.

일년 삼백육십 날이 어느덧 지나 오늘밤으로 끝나는데 열이면 열 모두 참선(參禪)하나 선(禪)을 알지 못하고, 도를 배우나 도 또한 알지를 못한다.

단지 이 알지 못한다는 부지불식(不知不識)이란 네 글자가 바로 삼세제불(三世諸佛)의 뼛골이며 일대장교(一大藏敎)의 근원이다.

영리(靈利)한 사람은 이 말을 듣자마자 곧 용이 물을 얻은 것과 같고 호랑이가 산을 기대는 것과 같아, 천상과 인간의 세계에서 종횡으로 걸림이 없을 것이다. 그러나 이와 같다 하더라도 점검하여 보면 아직 중생계의 소식이다.

만약 저쪽 넘어 저쪽의 소식인 하나를 말한다면, 설령 서역의 이십팔조(二十八祖)와 중국의 육대(六代) 조사 및 천하의 큰스님이라 할지라도 나는 감히 그들이 아직 분명히 깨치지 못했다고 단언할 것이다.

山僧이 與麼告報에 忽有箇漢子 心憤憤 口悱悱하여 出來道하되 高峰高峰아 你有甚長處에 開得者般大口오 하면 只向他道하되 來年에 更有新條在라도 惱亂春風이 卒未休하리라.

산승이 이렇게 말할 적에, 갑자기 어떤 사람이 너무 분한 마음이 치밀어서 큰소리를 지르며 뛰쳐나와서, "고봉아 고봉아! 네가 무슨 잘난 곳이 있기에 그렇게 큰 소리를 치느냐"라고 말한다면, 나는 단지 그를 향하여 말할 것이다.

내년에 새로운 가지가 다시 있더라도
흔들어대는 봄바람이 끝내 쉬지를 않으리라.134)

중생계에 속해 있는 이 자리에서 분별이 떨어지면 삼세제불(三世諸佛)이 출현하고 일대장교(一大藏敎)가 펼쳐진다. 그러나 아직은 중생계 소식이니, 공겁(空劫) 이전의 소식은 무엇일까. 오늘도 바람이 부나, 내일이나 모레도 바람은 분다.

134) 이 위에 道傍楊柳多有別 東風再換明年枝라는 구절이 함께 있다.

26. 평생의 기량을 다하여 공부를 示衆

終日着衣하되 未嘗掛一縷絲이며 終日喫飯하되 未嘗咬一粒米이라. 旣然如是라면 且道하라. 卽今 身上着底와 每日 口裏喫底는 是箇甚麽오. 到者裡는 不論明與不明 徹與不徹하나 寸絲滴水라도 也當牽犁拽把償他이니 何故오. 一片白雲이 橫谷口하니 幾多歸鳥自迷巢로다.

하루 종일 옷을 입되 실오라기 한 올 걸친 적이 없으며 온종일 밥을 먹되 한 톨의 쌀도 씹은 적이 없다. 이미 이와 같다면 한번 일러 보아라.

지금 매일 먹고 입는 것은 무엇이냐.

이 자리에서는 확실히 알고 모름을 논하지 않으나, 시주 받은 한 치의 실오라기, 한 방울의 물이라도 논밭을 가는 소가 되어 시주자의 은혜를 갚아야 할 것이니, 무엇 때문인가.

뭉실뭉실 흰 구름이 골짜기에 자욱하니
얼마나 많은 새들 돌아갈 집 잃었던가.

若論此事라면 正如傍墻逼狗하여 逼來逼去에 逼至尖角落頭에서 未免翻身 遭他一口러니 卽今에 莫有遭他底麽아. (卓拄杖하여 一下하며 云하되) 阿耶阿耶. 學道如初不變心이여 千魔萬難에 愈惺惺이니 直須敲出虛空髓하며 拔卻金剛腦後釘이니라.

만약 이 일을 논하자면 마치 담 옆으로 개를 몰아감에 막다른 골목의 개가 어쩔 수 없어 몸을 뒤쳐 한번 덤벼 대는 것과 같다. 지금 개에게 물린 이는 없느냐.

(주장자를 높이 들어서 한 번 내려치며 말씀하시기를)

아야! 아야!

도를 배우면서 변치 않는 처음 마음이여
온갖 어려움 속에서도 정신만 더 성성하니
바로 허공의 뼛골을 두드려 내어야 하고
금강의 뒤통수에 박힌 못을 뽑아야 하네.

若論此事의 用工之際인댄 正如打鐵船入海하여 取如意寶珠相似하듯 莫問打得打不得하고 但孟八郞이 打將去이니라. 驀然一旦에 打得成 入得海이어 獲得珠將來하여 呈似老僧이라도 不免與伊 一槌擊碎리니 何故오. 豈不見道아 有之以爲利하고 無之以爲用하니라.

만약 이 일의 공부를 말하자면, 마치 쇠로 된 배를 타고 바다에서 여의보주(如意寶珠)를 취하는 것과 같이, 공부가 되든지 안 되든지 묻지를 말고 단지 용맹스럽게 공부해 나가야 한다.

그러다 어느 날 갑자기 공부가 완성되어 바다에서 여의주(如意珠)를 얻어 나에게 바치더라도, 그것을 한 망치로 때려부수지 않을 수 없으니, 무엇 때문인가.

"있음으로써 이익을 삼고 없음으로써 작용을 삼는다"라고 하는 말을 그대들은 어찌 보지를 못하느냐.

若論實參實悟이면 正如八十翁翁이 向逆風逆水裏하여 牽一隻無底鐵船相似이듯 不問上與不上 徹與不徹이라. 直須心心無間 念念無虧이어 一步一步 盡平生伎倆하여 睚將去이니라. 睚到着脚不得處 筋斷骨折時에 驀然 水轉風回하리니 卽是到家消息이니라. 卽今에 莫有到家底麽아 (卓拄杖하여 一下하며 云하되) 十萬八千이로다.

만일 실제 참구하여 깨닫는 내용을 말하자면, 마치 팔십 늙은이가 거꾸로 부는 바람과 물살을 향하여 밑 빠진 한 척의 쇠로 된 배를 끌고 가는 것과 같이, 공부가 되든 안 되든 깨치고 못 깨치는 여부를 묻지 않아야 한다.

바로 틈이 없는 마음의 온전한 생각에서 한 걸음 한 걸음 평생의 기량을 다하여 공부를 밀고 나아가야 한다.

발붙일 수 없는 곳 힘줄이 끊어지고 뼈가 으스러지는 때의 경계에 도달하면, 별안간 물살과 바람의 방향이 바뀔 터이니, 이곳이 곧 집에 도달한 소식이니라.

지금 이 자리에서 집에 도달한 사람은 없느냐.

(주장자를 높이 올려 한 번 내려치고 말씀하시기를)

십만(十萬) 팔천리(八千里)로다.

若論此事이면 不假長劫熏修 積功累德하며 亦不問賢愚利鈍 久習初機하고 只貴孟八郎漢이 不顧危亡得喪하고 發大憤志하여 起大疑情이니 如善財童子가 叅勝熱婆羅門하여 大火聚中에 投身而入하니라. 正恁麽時에 人法俱忘하여 心機悶絶하면 左之右之에 築着磕着하니 不是洞山麻三斤이면 定是雲門乾屎橛이라.

만약 이 일을 논한다면 오래 쌓는 공덕이 필요치 않으며, 또한 어리석음이나 지혜로움, 구참이나 초학자를 묻지 않는다. 다만 용맹한 사람이 죽음을 돌이키지 않고 크게 분발하여 의심 일으키는 것만 귀할 뿐이다. 이는 마치 선재 동자가 승열(勝熱) 바라문을 참례하여 큰 불덩이 속으로 몸을 던지는 것과 같다.

바로 이런 때 나와 경계가 함께 사라져 마음 작용이 툭 끊어지면 어디라도 깨달음과 착착 맞아떨어지니, 동산(洞山)[135] 스님의 마삼근(麻三斤)이 아니면 결정코 운문(雲門)[136] 스님의 마른 똥막대기이다.

135) 雲門文偃의 제자로서 법명은 守初이고 호는 洞山이며 시호는 宗慧大師이다. 어떤 僧이 "어떤 것이 부처입니까"라고 물으니, 동산은 "麻三斤이니라"고 답하였다.

136) 青原 밑의 제6세인 雪峰義存의 제자로서 諱는 文偃이고 號는 雲門이며 謚號는 匡眞이다. 雲門宗의 開祖이다. 어떤 僧이 "어떤 것이 부처입니까"라고 물으니, 운문은 "乾屎橛이다"라고 말하였다.

若還毸毸毸毸 魍魍魎魎이면 莫道親見高峰이라. 直饒向老胡肚皮裏하여 打一遭라도 依前乾沒一星事니라.

만약 삽살개같이 어수선하고 늪 가의 도깨비처럼 어둡고 침침하다면 고봉을 몸소 보았다 말하지 말라. 설사 달마 뱃속의 모든 것을 보았다 할지라도 여전히 본래의 불성(佛性)에는 캄캄한 것이니라.

인과가 분명한데 알지 못하니, 이 자리에는 거듭 화두를 챙겨 성성하게 공부해야 한다. 신통묘용(神通妙用)의 경계가 나타나더라도 개의치 않고, 쇠 배를 타고 바다에 들어가 여의보주(如意寶珠)를 취하듯 아무 생각 없이 용맹스럽게 화두를 챙겨야 한다. 이 공부는 간절한 이것이 오직 귀할 뿐, 수증(修證)이나 점차(漸次)가 필요치 않다. 여기에 무슨 딴소리를 하겠는가.

27. 평상심과 무심을 아느냐 答直翁居士書

來書置問이 皆是辨論學人의 用工上 疑惑處니 當爲決之하여 俾晩學初機 趣向無滯하리라. 問에 平常心이 是道아 無心이 是道아 하니 此平常心無心之語가 成却多少人하며 誤卻多少人이어뇨. 往往 不知 泥中有刺笑裡有刀者가 何啻如掉棒打月 接竹點天이리오.

보내온 편지의 내용들이 모두 배우는 이들의 공부에서 일어나는 의혹들을 묻고 있으니, 마땅히 이 의심을 해결하여 만학(晩學)과 초학자(初學者)들이 공부하는 데 막힘이 없도록 하겠다.

질문하기를, "평상심(平常心)이 도입니까, 무심(無心)이 도입니까"라고[137] 하니, 이 평상심과 무심이란 말이 얼마나 많은 사람을 공부시키며 얼마나 많은 사람들을 그르쳤던가.

이따금 진흙 속의 날카로운 가시와 웃음 속에 들어 있는 칼을 알지 못하는 사들이, 어찌 막대기를 흔들어 달을 치거나 대나무를 이어 하늘을 찌르려는 허튼 장난만 했겠느냐.

---

137) 趙州가 南泉한테 질문하기를, "어떤 것이 도입니까"라고 하니, 답변하기를 "일상의 마음이 도이니라"고 하였다. 또 楊光庭이 潙山한테 질문하기를 "어떤 것이 도의 본래 청정입니까"라고 하니, 답변하기를 "무심이 도이니라"고 하였다. 이 두 분의 말씀이 평범한 가운데 깊은 뜻이 들어 있으니, 일상의 마음이 무심을 벗어나지 않고 무심이 일상의 마음을 벗어나지 않는다. 한결같이 일상의 마음을 집착하면 常見에 떨어질 것이요, 무심을 집착하면 斷見에 떨어질 것이다. 크게 살피고 살필지어다.

古人의 答一言半句는 如揮吹毛利刃이듯 直欲便要斷人命根이라. 若是箇皮下有血底라면 直下에 承當하여 更無擬議니라. 若撞着箇不知痛痒底라면 縱饒髑髏遍地라도 也乾沒星子事라. 又 如石中藏玉이듯 識者는 知有連城之璧이나 不識者는 只作一塊頑石視之니라. 大抵要見古人立地處면 不可向語句上着到니 且道하라. 旣不在語句上이라면 畢竟에 在甚麽處着到리오.

고인(古人)의 답변 한 마디는, 마치 날카로운 취모리(吹毛利)의 칼을 휘둘러 사람의 목숨을 바로 끊으려는 것과 같았다.

만약 살아 있는 놈이라면 당장에 알아 다시 머뭇거림이 없겠지만, 가렵고 아픈 곳을 알지 못한다면 설사 온 땅에 해골이 널리더라도 그의 공부는 부질없이 되풀이되는 보잘것없는 일들이다.

또는 돌 속에 옥이 감춰져 있는 것과 같아서, 아는 이는 그 옥의 대단한 가치를 알아도, 모르는 자는 한 덩이의 딱딱한 돌로만 볼 뿐이다. 대저 고인의 서 있는 자리를 보려면 말 어구(語句)에 떨어져서는 안 될 터이니, 한번 일러 보아라.

이미 말 어구에 떨어져 있지 않다면 마침내 어느 곳에 도달해 있겠느냐.

⊗ 若向者裏薦得이면 便知此事 不假修治하니 如身使臂 如臂使拳하듯 極是成現이어 極是省力이라. 但信得及 便是어니 何待瞠眉竪目 做模打樣하여 看箇一字리요. 儻或不然이면 古云에 莫道無心云是道라 無心猶隔一重關인데 何止一重이리요 更須知有百千萬重在니라.

(허공에 동그라미와 그 위에 곧은 줄과 X자를 그리며 ⊗)

만약 이 곳에서 알면 곧 이 일은 닦아 다스리는 방편이 필요치 않다는 사실을 아니, 마치 몸이 팔 쓰듯 팔이 주먹 쓰듯 쉽사리 지극한 경계가 나타나서 크게 힘을 덜 것이다.

단지 믿으면 옳거니와, 어찌 눈을 부릅뜨고 공부하는 모습을 만들어서 화두 보는 것을 기다리겠느냐.

만일 혹 그렇지 못하다면 고인(古人)이 말씀하시기를, "무심(無心)이 도라고 말하지 말라. 무심도 오히려 한 겹의 관문에 막혀 있느니라" 하였는데, 어찌 한 겹의 관문에만 그치겠느냐.

다시 백천만(百千萬) 거듭된 관문이 있다는 사실을 알아야 할 것이다.

苟不發憤志精進하여 下一段死工夫이면 豈於木石之有異乎아. 凡做工夫하여 到極則處하면 必須自然入於無心三昧리니 却與前之無心과 天地相遼니라. 老胡 云에 心如墻壁이라 하고 夫子는 三月忘味하며 顔回는 終日如愚하며 賈島는 取捨推敲하니 此等이 卽是無心之類也니라. 到者裏하여는 能擧所擧 能疑所疑가 雙忘雙泯하며 無無亦無하리라.

진실로 분한 마음을 내어 죽도록 공부하지 않는다면 어찌 나무나 돌과 다를 게 있겠느냐. 무릇 공부하여 지극한 곳에 도달하면 반드시 자연 무심삼매(無心三昧)에 들어가리니, 앞에서 말한 무심(無心)과는 하늘과 땅처럼 다르다.

달마 스님은 "마음을 장벽같이 하라" 말씀하셨고, 공자는 제(齊)나라에서 소(韶)라는 음악을 듣고 그 음악에 취하여 석 달 동안 고기 맛을 잊었으며, 안회(顔回)는 공부하는 즐거움에 하루 종일 어리석은 듯하였으며, 가도(賈島)는 추(推)와 고(敲)란 글자를 가지고 며칠을 골몰한 적이 있었는데, 이런 것들이 곧 무심의 부류들이었다.

이 자리에 이르러서는 능거(能擧)와 소거(所擧), 능의(能疑)와 소의(所疑)가 모두 사라지며, 사라지는 것조차 없어진 그것 또한 없어진다.

香嚴聞聲 靈雲見色 玄沙蹙指 長慶捲簾이 莫不皆由此無心而悟也라. 到者裏해서도 設有毫釐待悟心이 生하며 纖塵精進念이 起하면 卽是偸心이 未息이어 能所未忘이라. 此之一病도 悉是障道之端也니라. 若要契悟眞空하여 親到古人地位라면 必須眞正으로 至於無心三昧라야 始得이라. 然이나 此無心에 汝譬頗明이더라도 吾復以偈證之리라.

향엄문성(香嚴聞聲), 영운견색(靈雲見色), 현사축지(玄沙蹙指), 장경권렴(長慶卷簾) 모두가 이 무심으로 말미암아 깨닫지 않은 것이 없었다. 이 경계에 이르러서도 설사 털끝만치라도 깨달음을 기다리는 마음이나 정진하려는 생각이 일어난다면, 곧 훔치려는 마음이 아직 쉬지를 않는 것이어서 능(能)·소(所)가 사라지지 않은 것이다. 이 한 가지 병조차 모두 도를 가로막는 실마리가 된다.

만약 진공(眞空)을 깨달아 몸소 고인(古人)의 지위에 오르고자 하면 반드시 참되고 바르게 무심삼매(無心三昧)에 이르러야 한다. 그러나 이 무심에서 그대의 깨우침이 자못 분명하더라도, 내가 다시 게송으로써 증명하겠노라.

不得者箇면 爭得那箇리요 既得那箇에 忘卻者箇니라.
雖如是라도 更須知道者箇那箇는 摠是假箇니라. 的的眞底는 噫. 咄. 陽燄空華로다.

이 무심을 얻지 못했다면
어찌 저 도리를 얻겠느냐
저 도리를 얻고 나서는
무심조차 사라져 버리도다.

그러나 이와 같다 하더라도, 다시 이것저것 모두 방편임을 알아야 하니, 정말 분명히 참된 것은… 자, 그만 두어라! 아지랑이, 허공의 꽃이로다.

도 터진 사람의 입장에서는 일상의 마음이 곧 무심이다. 시비분별의 범부 마음이 아니라 일체 차별 없이 쓰는 큰마음이다. 그럭저럭 본인의 핑계를 위하여 잘못 쓰이는 무심이란 표현과는 잘 구분해야 할 일이다.

28. 고봉 스님의 공부 과정 通仰山老和尙疑嗣書

昔年의 敗闕을 親曾剖露師前인데 今日 重疑하니 不免從頭拈出이라. 某甲이 十五歲 出家 十六에 爲僧하여 十八習教하다 二十에 更衣 入淨慈하여 立三年死限하고 學禪이니라. 請益斷橋和尙하니 令叅箇生從何來이며 死從何去오 하나 意分兩路이어 心不歸一이라.

지난날 저의 허물을 직접 스님 앞에서 자세히 말씀드렸는데, 금일 거듭 의문을 가지시니 처음부터 다시 말씀드리지 않을 수 없습니다. 제가 열다섯 살에 출가하여 열여섯 살에 스님이 되어 열여덟 살까지 교학(敎學)을 하다가 스무 살에 참선 길로 공부를 바꾸었습니다.[138] 그리고 정자사(淨慈寺)에 들어가 3년 죽음을 한정하고 참선을 배우게 되었습니다.

그 때 단교(斷橋) 화상의 가르침을 청했더니, "태어날 적에는 어디에서 왔으며 죽을 때에는 어느 곳으로 가는고"라는 화두를 참구하라 일러 주었으나, 두 갈래로 생각이 갈라져 마음이 하나로 돌아가지를 않았습니다.

138) 唐宋 시대에는 禪宗에서는 緇衣를 입고 敎宗에서는 靑衣를 입으며 律宗에서는 木蘭色의 옷을 입었다. 그러므로 更衣라는 말은 敎宗에서 禪宗으로 공부 길을 바꾸었다는 이야기이다.

又 不曾得他說做工夫處分曉하여 看看 擔閣 一年有餘하니 每日 只如箇迷路人相似더라. 那時 因被三年限逼이어 正在煩惱中에 忽見台州淨兄하니 說에 雪巖和尙이 常問 你做工夫인데 何不去一轉고 하여 於是에 欣然 懷香하고 詣北磵塔頭하여 請益이라. 方問訊揷香이나 被一頓痛拳打出 卽關却門하니 一路垂淚하며 回至僧堂이니라.

또 그 스님께서 일러 주신 공부할 곳을 분명히 알지 못하여, 한 해가 넘도록 공부 부담만 안고 그럭저럭 세월을 허송하니, 이 모습이 매일 길을 잃고 헤매는 사람과 흡사하였습니다.

그 때 공부를 약정했던 3년의 기한이 닥쳐와 고민하고 있던 차, 뜻밖에 태주(台州)의 정형(淨兄)을 만나, 그가 "설암(雪巖) 화상이 늘 그대의 공부에 대하여 묻고 계시던데 어찌 한번 가서 묻지를 않느냐"라고 하기에, 이 말에 기뻐하여 향을 지니고 북간탑(北磵塔)에 나아가 스님의 가르침을 청했던 것입니다.

바야흐로 법을 물으려고 향을 사르게 되었으나 한 차례 통렬한 주먹만 맞고 문 밖으로 쫓겨나 버리니, 저는 한 줄기 눈물만 흘리며 승당(僧堂)으로 돌아오게 되었습니다.

次日 粥罷하고 復上하여 始得親近이라. 卽問已前做處에 某甲이 一一供吐하니 當下에 便得勦除日前所積之病하며 却令看箇無字니라. 從頭開發하여 做工夫 一遍하니 如暗得燈 如懸得救이듯 自此로 方解用工處니라. 又 令日日上來一轉하여 要見用工次第하니 如人이 行路에 日日要見工程하듯 不可 今日也恁麽 明日也恁麽니라.

그런 다음날 아침 공양을 마치고 다시 올라가서야 몸소 스님을 가까이 뵐 수 있었습니다. 곧 스님께서는 그전의 공부했던 과정을 물으시기에 저의 공부를 낱낱이 말씀드렸더니, 이전에 쌓여 있던 병통을 당장 없애 주시며, '조주(趙州)의 무자(無字)' 화두를 들게 하셨습니다.

쭉 처음부터 시작하여 다시 한번 공부를 하였더니, 이는 마치 어둠 속에서 등불을 얻고 매달려 죽기 직전에 구조를 받는 듯하여, 이로부터 비로소 공부하는 법을 알았습니다.

또 날마다 한 번씩 올라오도록 하여 공부 점검을 하시고자 하니, 마치 먼길 가는 행인이 날마다 갈 길을 알아야 하는 것과 같이, 오늘도 그럭저럭 내일도 이럭저럭 공부해서는 안 된다는 뜻이었습니다.

每日 纔見入來하고 便問 今日工夫는 如何오 하다가 因見說得有緖로서 後竟不問做處니라. 一入門에 便問 阿誰與你拖者死屍來오 하며 聲未絶에 便以痛拳打出하니 每日 只恁麽問하고 恁麽打하니 正被逼拶에 有些涯際니라. 値老和尙의 赴南明請 臨行에 囑云하되 我去入院了코 却令人으로 來取你라 하였는데 後竟絶消息이라.

스님께서는 매일 공부 점검 받으러 오는 것을 보시고 곧 "오늘 공부는 어떠한고"라고 물으시다, 이 질문에 조리 있게 답변하는 것을 듣고 난 뒤에는 다시 공부의 일을 묻지 않으셨습니다.

그리고 한번 문안에 들어갈 때마다 곧 "누가 너에게 이 송장을 끌고 오게 했느냐"라고 물으시며, 그 소리가 끝나기도 전에 주먹으로 냅다 때리면서 저를 쫓아내셨습니다.

매일 다만 그렇게 묻고 그렇게 때리기만 하셨으니, 바로 이 다그침을 당해 저의 공부가 조금 진전이 있었습니다.

스님께서는 남명사(南明寺) 조실 청을 받고 떠나시며 "내가 먼저 절에 가고 뒤에 사람을 시켜 너를 데려 오겠다"라고 말씀하셨는데, 그 뒤 다시 아무런 소식도 없었습니다.

卽與常州澤兄과 結伴하여 同往이나 至王家橋俗親處에 整頓行裝이라. 不期 俗親이 念某甲等年幼 又 不曾涉途하여 行李度牒을 摠被收却하니 時는 二月初로 諸方掛搭하여 皆不可討일새 不免挑包上徑山이어 二月半에 歸堂이라. 忽於次月十六夜夢中에 忽憶 斷橋和尙의 室中所擧인 萬法歸一 一歸何處話하여 自此로 疑情이 頓發 打成一片하니 直得東西不辨 寢食俱忘이라.

곧 상주(常州)의 택형(澤兄)과 스님을 찾아가게 되었지만, 왕가교(王家橋)에 사시는 부모님 집에서 행장을 정돈하게 되었습니다. 뜻하지 않게 거기서 저희들의 나이가 어리고 또 일찍이 먼길을 가보지 않았다는 사실을 부모님께서 염려하시어, 여행을 못하게 걸망과 도첩을 모두 빼앗아 버렸습니다.

때는 이월 초로서 제방(諸方) 모든 선방(禪房)의 방부(房付)가 끝나 갈 수 있는 절이 없었기에, 보따리를 메고 경산사(徑山寺)로 올라갈 수밖에 없어 이월 보름쯤에 승당(僧堂)으로 돌아갔습니다.

어느덧 시간이 흘러 다음달 열엿샛날 밤 꿈속이었습니다. 홀연 단교(斷橋) 화상이 방장실에서 일러 주신 "만법귀일(萬法歸一) 일귀하처(一歸何處)"라는 화두가 기억되었고, 이로부터 단숨에 의정(疑情)이 생겨 한 덩어리가 되니, 바로 동서를 가리지 못하며 먹고 자는 것조차 잊어 버렸습니다.

至第六日 辰巳間에 在廊下行이라가 見衆僧이 堂內出에 不覺 輥於隊中하여 至三塔閣上 諷經이라가 擡頭에 忽覩 五祖演和尙의 眞贊末後兩句云에 百年三萬六千朝의 返覆이 元來 是這漢이니라. 日前 被老和尙의 所問 拖死屍句子를 驀然打破하여 直得魂飛膽喪 絶後再甦라 何啻如放下百二十斤擔子릿고.

이렇게 엿새째 되던 날 오전, 행랑 아래에서 거닐다가 대중 스님들이 승당에서 나오는 것을 만나게 되었습니다.

나도 모르게 그 대열에 섞여 삼탑각(三塔閣)에 올라가서 경을 외우다 머리를 들어 문득 오조법연(五祖法演) 화상의 진영(眞影) 찬(讚) 끝에 있는 두 마디, "백년삼만육천일(百年三萬六千日)을 되풀이하고 있는 것이 본디 이 놈이다"라고 하는 내용을 보게 되었습니다.

그러자 이전에 스님께서 다그쳐 물으시던 "송장 끌고 다니는 놈"이라는 화두를 별안간 타파하여, 바로 혼(魂)이 날아가고 간담이 서늘해져 죽었다 다시 살아난 듯하였습니다.

이것이 어찌 백스무 근 무거운 짐을 내려놓은 것과 같을 뿐이었겠습니까.

乃是辛酉三月廿二 少林忌日也이며 其年이 恰廿四歲라. 滿三年限에 便欲造南明求決이나 那堪逼夏리오. 諸鄕人도 亦不容이더라. 直至解夏에 方至南明하여 納一場敗闕이라. 室中에 雖則累蒙煆煉이어 明得公案하고 亦不受人瞞이더라도 及乎開口에는 心下에 又覺得渾了하여 於日用中에 尙不得自由이니 如欠人債相似더라.

그 때가 신유(辛酉)년 삼월 스무이튿날, 달마 스님의 제삿날이며, 제 나이 꼭 스물넷이었습니다. 3년의 약정했던 공부 기한을 채우고 남명사(南明寺)에 가서 스님께 인가를 받으려 하였으나, 그 때가 뜨거운 여름인지라 여행을 할 수 있는 시절이 아니었습니다. 그리고 둘레의 모든 마을 사람들도 제가 가는 것을 또한 말렸습니다.

여름철 해제가 되자 곧 남명사에 가서 저의 허물을 한바탕 스님께 여쭙게 되었습니다.

방장실에서 여러 가지 가르침을 받아 공안(公案)의 뜻을 알았고 또한 남의 속임을 받지 않더라도, 입을 열 때는 마음 속에 무언가 흐릿한 것이 느껴져 일상사(日常事)에서 오히려 자유롭지를 못했으니, 마치 남에게 빚을 진 듯했습니다.

正欲在彼에 終身侍奉이나 不料 同行인 澤兄과 有他山之行이어 遽違座下더라. 至乙丑年 老和尙이 在道場에 作掛牌時 又得依附이어 隨侍赴天寧 中間에 因被詰問이라. 日間浩浩時에 還作得主麽아. 答云에 作得主이니라. 又問에 睡夢中에 作得主麽아. 答云에 作得主이니라.

그 곳에서 바로 한 평생 스님을 시봉(侍奉)하려고 하였으나, 생각지도 않게 동행했던 택형(澤兄)과 다른 산중으로 가게 되어, 갑자기 스님의 가르침을 벗어나게 되었습니다.

을축년(乙丑年 1265)[139] 남명사 도량에서 스님이 방부를 받으실 때 또 의지하여, 스님을 시봉(侍奉)하며 천녕사(天寧寺)로 가는 도중 스님께서는 다그쳐 물으셨습니다.

問 : 날마다 너의 마음대로 호호탕탕하게 살 때, 그 자리에 주인공이 있더냐.

答 : 네, 주인공이 있습니다.

問 : 잠잘 때 꿈속에서도 주인공이 있더냐.

答 : 네, 꿈속에서도 주인공이 있습니다.

139) A.D. 1265년이니 고봉 스님이 스무 일곱 살 때이다.

又 問에 正睡着時에 無夢無想하며 無見無聞인데 主在甚麽處오. 到者裏에 直得無言可對이며 無理可伸이더라. 和尙이 却囑云하되 從今日去로 也不要你 學佛學法하며 也不要你 窮古窮今하라 但只 飢來에 喫飯하고 困來에 打眠하되 纔眠覺來에 却抖擻精神하여 我者一覺主人公은 畢竟在甚處에 安身立命고. 雖信得及하여 遵守此語나 奈資質이 遲鈍하야 轉見難明이오.

問 : 푹 잠이 들면 꿈도 없고 생각도 없어 보거나 들을 것이 없는데, 그 때 주인공은 어느 곳에 있더냐.

이 자리에서는 꽉 막혀 바로 대답할 수 있는 말이나 논리를 펼 수 있는 어떤 이치도 없었습니다.

그러자 스님께서, "오늘부터 너는 부처나 법을 배울 필요도 없으며, 고금(古今)의 진리를 알 필요도 없다. 단지 배고프면 밥을 먹고 곤하거든 잠을 자되 잠이 깨면 정신을 가다듬어, '나에게서 이 알고 보는 주인공은 마침내 어느 곳에 안심입명(安心立命)을 하는고'라는 의심을 해라" 하시며 이 화두를 당부하셨습니다.

그 말씀을 믿고 따라갔으나, 저의 본바탕이 미련하여 이 일을 밝혀 내기가 점점 어렵기만 하였으니 그 마음이 어떠했겠습니까.

遂有龍鬚之行에 卽自誓云하되 拌一生하여 做箇癡獃漢이언정 定要見者一着子明白하리라. 經及五年에 一日 寓庵宿이라가 睡覺에 正疑此事인데 忽同宿道友推枕子 墮地作聲에 驀然 打破疑團하니 如在網羅中跳出이라. 追憶하니 日前의 所疑인 佛祖의 誵訛公案과 古今의 差別因緣이 恰如泗州에서 見大聖하듯 遠客이 還故鄕하듯 元來只是舊時人이라 不改舊時行履處이니라.

마침내 용수사(龍鬚寺)로 가게 되었을 때, 곧 스스로 "일생을 포기하고 한낱 바보 천치가 될지언정 결정코 이 일착자(一着子)의 명백함을 보리라"고 맹세를 하게 되었습니다.

그리고 다섯 해가 지난 어느 날 어떤 암자에서 잠을 자다가 깨어서 이 일을 의심하고 있었는데, 갑자기 같이 자던 도반이 목침을 밀어 땅에 떨어지는 소리에 홀연 의심덩어리를 타파하게 되니, 마치 물고기가 갇힌 그물 속에서 뛰쳐나오는 것과 같았습니다.

이전에 의심했던 부처님과 조사 스님들의 어려웠던 공안들과 고금(古今)의 차별법문들을 생각해 보니, 흡사 사주(泗州)의 큰 성인을 만난 듯140) 멀리 떠났던 길손이 고향에 돌아온 듯, 옛날 옛적의 본디 그 사람이어 옛날의 행리처(行履處)를 바꾼 것이 아니었습니다.

---

140) 泗州에 있는 普光寺 僧伽大士를 말하는 것으로서 이 분의 신통력을 보아 관세음보살의 화현이라고 한다. 淮水에서 신통력으로 도둑들이 훔친 재물을 좋은 마음으로 시주하게 하여 그들의 죄를 감해 주고 옥살이를 면하게 해 주었다고 한다.

自此로 安邦定國하고 天下太平하여 一念無爲이니 十方坐斷이더라. 如上所供은 並是諂實이라. 伏望컨대 尊慈는 特垂詳覽하소서.

이로부터 나라가 안정되고 천하가 태평해져 한 생각도 할 일이 없었으니, 시방세계에 앉아 모든 번뇌를 끊었던 것입니다.

위와 같이 말씀드린 것이 모두 사실입니다. 엎드려 바라옵건대 부디 존자(尊慈)께서는 이 편지를 자세히 보아 주시옵소서.

♡ 고봉 스님이 공부했던 과정을 설명하며 설암 스님의 법제자임을 인정하는 글이다. 설암 스님이 사관(死關)의 근처에 와 누구의 법을 이을 것인가를 시자를 시켜서 묻자, 고봉 스님은 죽어도 산문 밖을 나가지 않겠다는 사관(死關)의 맹서를 지키고자 이 편지로 대답을 대신한 것이다. 이 편지에서도 평소 말씀대로 사시는 고봉 스님의 살림살이가 그대로 잘 나타나고 있다.

29. 방장실의 세 문턱[141] 室中三關

杲日이 當空에 無所不照인데 因甚으로 被片雲遮却고. 人人이 有箇影子이어 寸步도 不離인데 因甚으로 踏不着고. 盡大地 是箇火坑인데 得何三昧라야 不被燒却고. 禪要 終.

빛나는 태양이 허공에 떠 있어 어떤 곳도 비추지 못할 게 없는데, 무엇 때문에 조각 구름이 이 빛을 가리는고.

사람마다 그림자가 있어 몸에서 조금도 떨어지지를 않는데, 무엇 때문에 이것을 밟을 수 없는고.

온 땅이 하나의 불구덩이인데, 무슨 삼매를 얻어야 불에 타지를 않는고.

『선요』를 마침.

141) 고봉 스님이 늘 이 세 가지 문턱으로써 배우는 이들을 맞아 그들이 있는 자리에서 그들의 공부를 이루도록 하였다. 여기서 말하는 高峰三關이외에 이와 유사한 법을 쓰는 스님에 따라서 부르게 되는 黃龍三關, 兜率三關, 慈雲三關 또는 楞嚴三關이라고 하는 것도 있다.

미주

(1)『景德傳燈錄』卷第三0 (大正藏 卷第五一 四六0上)
決定說表眞乘 有人不肯任情徵 直截根源佛所印 摘葉尋枝我不能

(2)『緇門警訓』卷第二 (大正藏 卷第四八 一0四八中)
參禪學道幾般樣 要在富人能擇上 莫只忘形與死心 此箇難醫病最深

(3)『景德傳燈錄』卷第九 (大正藏 卷第五一 二六八上)
其師又一日在窓下看經 蜂子投窓紙求出 師覩之曰 世界如許廣闊不肯出鑽他故紙驢年去得

(4)『祖堂集』卷第一五 (高麗大藏經 卷第四五 三三一上)
偈曰 十方同一會 各各學無爲 此是選佛處 心空及第歸

(5)『景德傳燈錄』卷第五 (大正藏 卷第五一 二四五上)
師以化緣將畢涅槃時至 乃辭代宗 代宗曰 師滅度後弟子將何所記 師曰 告檀越 造取一所無縫塔 曰就師請取塔樣 師良久曰 會麼 曰不會 師曰 貧道去後有侍者應眞 却知此事 大歷十年十二月九日右脅長往 弟子奉靈儀於黨子谷建塔 勅諡大證禪師 代宗後詔應眞入內擧問前語 眞良久曰 聖上會麼 曰不會 眞述偈曰 湘之南 潭之北 中有黃金充一國 無影樹下合同船 瑠璃殿上無知識

(6)『景德傳燈錄』卷第一一 (大正藏 卷第五一 二八六上)
襄州王敬初常侍視事次 米和尙至 王公乃擧筆 米曰 還判得虛空否 公擲筆入廳更不復出 米致疑 至明日憑鼓山供養主入探其意 米亦隨至潛在屛蔽間偵伺 供養主才坐問云 昨日米和尙有什麼言句便不得見 王公曰 師子齩人韓獹逐塊 米師竊聞此語 卽省前謬 遽出朗笑曰 我會也我會也

(7)『無門關』(大正藏 卷第四八 二九三上-中)
百丈和尙 凡參次 有一老人常隨衆聽法 衆人退 老人亦退 忽一日不退 師遂問 面前立者復是何人 老人云 諾某甲非人也 於過去迦葉佛時 曾住此山 因學人問 大修行底人還落因果也無 某甲對云 不落因果 五百生墮野狐身 今請和尙 代一轉語貴 脫野狐遂問 大修行底人還落因果也無 師云 不昧因果 老人於言下大悟 作禮云 某甲已脫野狐身 住在山後 敢告和尙 乞依亡僧事例 師令無維那白槌告衆 食後送亡僧 大衆言議 一衆皆安涅槃堂 又無人病 何故如是 食後只見師領衆 至山後巖下 以杖挑出一死野狐 乃依火葬 師至晚上堂 擧前因緣 黃蘗便問 古人錯祇對一轉語墮五百生野狐身 轉轉不錯 合作箇甚麼 師云 近前來與伊道 黃蘗遂近前

與師一掌 師拍手笑云 將謂胡鬚赤更有赤鬚胡

(8)『無門關』(大正藏 卷第四八 二九二下)

趙州和尙因僧問 狗子還有佛性也無 州云無

(9)『五燈會元』卷第四 (卍續藏經 卷第一三八 一三二上)

師曰 老僧在靑州 作得一領布衫 重七斤

(10)『無門關』(大正藏 卷第四八 二九八上~中)

世尊昔因文殊至諸佛集處 値諸佛各還本處 惟有一女人 近彼佛坐入於三昧 文殊乃白佛 云何女人得近佛坐而我不得 佛告文殊 汝但覺此女令從三昧起 汝自問之 文殊遶女人三匝 鳴指一下 乃托至梵天 盡其神力而不能出 世尊云 假使百千文殊 亦出此女人定不得 下方過一十二億河沙國土 有罔明菩薩 能出此女人定 須臾罔明大士從地湧出 禮拜世尊 世尊勅罔明 却至女人前 鳴指一下 女人於是從定而出

(11)『妙法蓮華經』卷第一 (大正藏 卷第九 七上)

舍利佛 云何名諸佛世尊唯以一大事因緣故出現於世 諸佛世尊 欲令衆生開佛知見使得淸淨 故出現於世 欲示衆生佛之知見 故出現於世 欲令衆生悟佛知見 故出現於世 欲令衆生入佛知見道 故出現於世 舍利佛 是爲諸佛以一大事因緣故出現於世

(12)『景德傳燈錄』卷第一 (大正藏 卷第五一 二0八下)

第八祖佛陀難提者 迦摩羅國人也 姓瞿曇氏 頂有肉髻辯捷無礙 初遇婆須蜜尊者出家受教 旣而領徒行化至提伽國城毘舍羅家 見舍上有白光上騰 謂其徒曰 此家當有聖人 口無言說眞大乘器 不行四衢知觸 穢耳言言乞 長者出致禮問何所須 尊者曰 我求侍者 曰我有一字 名伏馱蜜多 年已五十 口未曾言足未曾履 尊者曰 如汝所說眞吾弟子 尊者見之遽起禮拜 而說偈曰 父母非我親 誰是最親者 諸佛非我道 誰爲最道者

(13)『景德傳燈錄』卷第一二 (大正藏 卷第五一 二九五上)

魏府大覺禪師 興化存奬禪師爲院宰時 師一日問曰 我常聞汝道向南行一迴 拄杖頭未曾撥著箇會佛法底人 汝憑什麽道理有此語 興化乃喝 師便打 興化又喝 師又打 來日興化從法堂過 師召曰 院主 我直下疑汝昨日行底喝 與我說來 興化曰 存奬平生於三聖處學得底 盡被和尙折倒了也 願與存奬箇安樂法門 師曰 遮瞎驢來遮裏納敗缺卸却衲帔待痛決一頓 興化卽於語下領旨

(14)『妙法蓮華經』 卷第四 (大正藏 卷第九 三五中~下)
文殊師利言 有娑竭羅龍王女 年始八歲 智慧利根 善知衆生諸根行業得陀羅尼 諸佛所說甚深秘藏悉能受持 深入禪定了達諸法 於刹那頃發菩提心 得不退轉辯才無礙 …… 爾時龍女有一寶珠 價直三千大天世界持以上佛 佛卽受之 龍女謂智積菩薩尊者舍利弗言 我獻寶珠世尊納受是事疾不 答言甚疾 女言 以汝神力觀我成佛 復速於此 當時衆會皆見龍女 忽然之間變成男子 具菩薩行 卽往南方無垢世界 坐寶蓮華成等正覺三十二相八十種好 普爲十方一切衆生演說妙法

(15)『大般涅槃經』 卷第一七 (大正藏 卷第一二 七二二中)
波羅棕國有屠兒名曰廣額 於日日中殺無量羊 見舍利弗卽受八戒 經一日夜 以是因緣 命終得爲北方天王毘沙門子

(16)『首楞嚴經』 卷第五 (大正藏 卷第一九 一二六上~中)
阿那律陀卽從座起 頂禮佛足而白佛言 我初出家常樂睡眠 如來訶我爲畜生類 我聞佛訶啼泣自責 七日不眠失其雙目 世尊示我樂見照明金剛三昧 我不因眼觀見十方 精眞洞然如觀掌果 如來印我成阿羅漢 佛問圓通如我所證 旋見循元斯爲第一

(17)『五燈會元』 卷第一九 (卍續藏經 卷第一三八 七二一下)
慈明自南源徙道吾石霜 師皆佐之總院事依之 雖久然未有省發 每咨參明曰 庫司事繁且去 他日又問明曰 監寺異時兒孫徧天下在 何用忙爲一日明適出雨忽作師偵之小徑 旣見遂搊住曰 這老漢今日須與我說 不說打你去 明曰監寺知是般事 便休 語未卒 師大悟卽拜於泥途

(18)『大方廣佛華嚴經』 卷第六 (大正藏 卷第一0 四三三上~中)
信爲道元功德母 增長一切諸善法 除滅一切諸疑惑 示現開發無上道 淨信離垢心堅固 滅除憍慢恭敬本 信是寶藏第一法 爲淸淨手受衆行 信能捨離諸染著 信解微妙甚深法 信能轉勝成衆善 究竟必至如來處 淸淨明利諸善根 信力堅固不可壞 信永除滅一切惡 信能逮得無師寶 信於法門無障礙 捨離八難得無難

(19)『大般涅槃經』 卷第三三 (大正藏 卷第一二 五六一下)
善男子 我亦常爲善星比丘說眞實法 而彼絶無信受之心 善男子 善星比丘雖復讀誦十二部經獲得四禪 乃至不解一偈一句一字之義 親近惡友退失四善 失四禪已生惡邪見 作如是說無佛無法無有涅槃 沙門瞿曇善知相法 是故能得知他人心 我於爾時告善星言 我所說法初中後禪 其言

巧妙字義眞正 所說無雜具足成就淸淨梵行 善星比丘復作是言 如來雖復爲我說法 而我眞實謂無因果 善男子 汝若不信如是事者 善星比丘今者近在尼連禪河 可共往問 爾時如來卽與迦葉往善星所 善星比丘遙見如來見已卽生惡邪之心 以惡心故生身陷入墮阿鼻獄

(20)『維摩詰所說經』卷中 (大正藏 卷第一四 五四九上～中)
於是維摩詰問文殊師利 何等爲如來種 文殊師利言 有身爲種 無明有愛爲種 貪恚癡爲種 四顚倒爲種 五蓋爲種 六入爲種 七識處爲種 八邪法爲種 九惱處爲種 十不善道爲種 以要言之 六十二見及一切煩惱皆是佛種 曰何謂也 答曰 若見無爲入正位者 不能復發阿耨多羅三藐三菩提心 譬如高原陸地不生蓮華 卑濕淤泥乃生此華 如是見無爲法入正位者 終不復能生於佛法 煩惱泥中乃有衆生起佛法耳

(21)『大般涅槃經』卷第一四 (大正藏 卷第一二 四五0上～四五一上)
爾時釋提桓因 自變其身作羅刹像 形甚可畏 下至雪山去其不遠而便立住 是時羅刹 心無所畏勇健難當 辯才次第其聲淸雅 宣過去佛所說半偈 諸行無常 是生滅法 說是半偈已便住其前 …… 善男子 我復語言 汝但具足說是半偈 我聞偈已當以此身奉施供養 大士 我設命終 如此之身無所復用 當爲虎狼鵄梟鵰鷲之所噉食 然復不得一毫之福 我今爲求阿耨多羅三藐三菩提 捨不堅身以易堅身 羅刹答言 誰當信汝如是之言 爲八字故棄所愛身 …… 唯願和上 善爲我說其餘半偈 令得具足羅刹卽說生滅滅已 寂滅爲樂

(22)『景德傳燈錄』卷第一0 (大正藏 卷第五一 二七八上)
僧問 萬法歸一一歸何所 師云 老僧在靑州 作得一領布衫 重七斤

(23)『金剛般若波羅蜜經』(大正藏 卷第八 七五一下)
復次須菩提 是法平等無有高下 是名阿耨多羅三藐三菩提 以無我無人無衆生無壽者 修一切善法 則得阿耨多羅三藐三菩提

(24)『禪苑蒙求』上卷 (卍續藏經 卷第一四八 二一二上)
福州長慶惠稜禪師 歷參禪苑 後參靈雲問 如何是佛法大意 雲云驢事未去馬事到來 師如是往來雪峯玄沙 十二年間坐破七箇蒲團 不明此事 一日捲簾 忽然大悟乃有頌曰 也大差矣 也大差矣 捲起簾來見天下 有人問我解何宗拈起拂子 劈口打

(25)『景德傳燈錄』卷第三 (大正藏 卷第五一 二一九中)
其年十二月九日夜天大雨雪 光堅立不動 遲明積雪過膝 師憫而問曰 汝久立雪中 當求何事 光悲淚曰 惟願和尙慈悲 開甘露門廣度群品 師曰

諸佛無上妙道 曠劫精勤 難行能行非忍而忍 豈以小德小智輕心慢心 欲冀眞乘 徒勞勤苦 光聞師誨勵 潛取利刀自斷左臂 置于師前 師知是法器 乃曰 諸佛最初求道爲法忘形 汝今斷臂吾前 求亦可在 師遂因與易名曰慧可 光曰 諸佛法印可得聞乎 師曰 諸佛法印匪從人得 光曰 我心未寧 乞師與安 師曰 將心來 與汝安 曰覓心了不可得 師曰 我與汝安心竟

(26)『景德傳燈錄』卷第一二 (大正藏 卷第五一 二九0上~中)
初在黃蘗隨衆參侍 時堂中第一座勉令問話 師乃問 如何是祖師西來的的意 黃蘗便打 如是三問三遭打 遂告辭 第一座云 早承激動問話 唯蒙和尙賜棒 所恨愚魯 且往諸方行脚去 上座遂告黃蘗云 義玄雖是後生却甚奇特 來辭時願和尙更垂提誘 來日師辭黃蘗 黃蘗指往大愚 師遂參大愚 愚問曰 什麽處來 曰黃蘗來 愚曰 黃蘗有何言教 曰義玄親問西來的的意 蒙和尙便打 如是三問三轉被打 不知過在什麽處 愚曰
黃蘗恁麽老婆 爲汝得徹困 猶覓過在 師於是大悟云 佛法也無多子 愚乃搊師衣領云 適來道我不會 而今又道無多子 是多少來是多少來 師向愚肋下打一拳 愚托開云 汝師黃蘗 非干我事 師却返黃蘗

(27)『景德傳燈錄』卷第一一 (大正藏 卷第五一 二八五上)
福州靈雲志勤禪師本州長溪人也 初在潙山因桃華悟道 有偈曰
三十來年尋劍客 幾逢落葉幾抽枝 自從一見桃華後 直至如今更不疑

(28)『景德傳燈錄』卷第一一 (大正藏 卷第五一 二八四上)
一日因山中芟除草木 以瓦礫擊竹作聲 俄失笑間 廓然惺悟

(29)『禪苑蒙求』上卷 (卍續藏經 卷第一四八 二一二上)
미주 (24) 참조

(30)『萬松老人評唱天童覺和尙頌古從容庵錄』 卷第五 (大正藏 卷第四八 二七九中)
福州玄沙宗一大師 諱師備 芒鞋布衲菲食自怡 雪峯高其苦行 常以備頭陀呼之 世傳 玄沙不出嶺 保壽不渡河 因蹶傷足指 歎曰 是身非有 痛自何來 是身是苦畢竟無生 休休 達磨不來東土 二祖不往西天 遂迴復因閱楞嚴而發明 故應機捷敏與修多羅合 至與雪峯徵詰 亦當仁不讓 峯曰 備頭陀再來人也

(31)『景德傳燈錄』卷第八 (大正藏 卷第五一 二六二下)
洪州水老和尙 初問馬祖 如何是西來的的意 祖乃當胸蹋倒 師大悟 起

來撫掌呵呵大笑云 大奇 百千三昧無量妙義 只向一毛頭上便識得根原去 便禮拜而退 師住後告衆云 自從一喫馬師蹋 直至如今笑不休

(32)『景德傳燈錄』卷第十五 (大正藏 卷第五一 三一七中)
因造龍潭信禪師 問答皆一語而已 師卽時辭去 龍潭留之 一夕於室外默坐 龍問 何不歸來 師對曰黑 龍乃點燭與師 師擬接 龍便吹滅 師乃禮拜 龍曰 見什麼 曰從今向去不疑天下老和尙舌頭也 至明日便發 龍潭謂諸徒曰 可中有一箇漢 牙如劍樹口似血盆 一棒打不迴頭 他時向孤峯頂上立吾道在

(33)『景德傳燈錄』卷第三0 (大正藏 卷第五一 四六0中)
遊江海涉山川 尋師訪道爲參禪 自從認得曹谿路 了知生死不相干

(34)『積傳燈錄』卷第二 (大正藏 卷第五一 四七九上~中)
除夕示衆曰 年窮歲盡 無可與大衆分歲 老僧烹一頭露地白牛 炊土田米飯 煮菜根燒榾柮火 與大衆圍爐唱歸田樂 何以如此 免得倚他門戶傍他牆致使時人喚作郞 下座 時有僧從後大呼曰 縣有吏至 師反顧問其所以僧云 和尙殺牛未納皮角 師笑擲煖帽于地與之 僧就地拾得跪進云 天寒還和尙帽子 師顧問侍者倚遇曰 如何 遇云 近日城中紙貴一狀領過

(35)『景德傳燈錄』卷第三0 (大正藏 卷第五一 四六一上~中)
大千世界海中漚 一切聖賢如電拂 假使鐵輪頂上施 定慧圓明終不失

(36)『景德傳燈錄』卷第二二 (大正藏 卷第五一 三八六下)
僧問洞山 如何是佛 洞山云 麻三斤

(37)『景德傳燈錄』卷第二九 (大正藏 卷第五一 四五五上~中)
問君心印作何顔 心印何人敢授傳 歷劫坦然無異色 呼爲心印早虛言 須知本自虛空性 將喩紅爐火裏蓮 莫謂無心云是道 無心猶隔一重關

찾아보기

(ㅍ)

(ㅎ)

선요

초판 발행 | 2001년 7월 15일
초판 6쇄 | 2020년 1월 21일
펴낸이 | 열린마음
저자 | 원순

펴낸곳 | 도서출판 법공양
등록 | 1999년 2월 2일 · 제1-a2441
주소 | 110-170 서울시 종로구 수송동
두산위브파빌리온 836호
전화 | 02-734-9428
팩스 | 02-6008-7024
이메일 | dharmabooks@chol.com

ISBN 978-89-89602-11-4

값 18,000원